Eternel'Le Mans

Nicole PECORARO

Michel BONTÉ

Washington Photo

SOMMAIRE / SUMMARY

Genèse	*Page 6*
Préface	*Page 8*
Préambule	*Page 10*
Chapitre 1 - **Les grandes figures**	*Page 13*
Chapitre 2 - **Le circuit tel qu'il était et ne sera plus**	*Page 27*
Chapitre 3 - **Quand un pesage chasse l'autre**	*Page 39*
Chapitre 4 - **Être ou ne pas être conforme ?**	*Page 49*
Chapitre 5 - **Les enfants du Mans**	*Page 57*
Chapitre 6 - **Garages et hébergements**	*Page 67*
Chapitre 7 - **Heurts et malheurs**	*Page 75*
Chapitre 8 - **Transporteurs à tout va**	*Page 85*
Chapitre 9 - **Personnages en tout genre**	*Page 93*
Chapitre 10 - **L'éternel féminin**	*Page 103*
Chapitre 11 - **Débuts et fins de course**	*Page 115*
Chapitre 12 - **Mécaniques et mécaniciens**	*Page 129*
Chapitre 13 - **Vu du public**	*Page 141*
Chapitre 14 - **Publicité et restauration**	*Page 153*
Notes sur l'auteur	*Page 164*

Genesis	*Page 6*
Foreword	*Page 8*
Preamble	*Page 10*
Chapter 1 - **The key personalities**	*Page 13*
Chapter 2 - **The circuit as it was and will never be again**	*Page 27*
Chapter 3 - **Technical verification in various locations**	*Page 39*
Chapter 4 - **Conformity or non-conformity?**	*Page 49*
Chapter 5 - **The children of Le Mans**	*Page 57*
Chapter 6 - **Garages and accommodations**	*Page 67*
Chapter 7 - **Trouble, glitches and calamities**	*Page 75*
Chapter 8 - **Some kinds of transporters**	*Page 85*
Chapter 9 - **Snapshots for various curious characters**	*Page 93*
Chapter 10 - **Le Mans ladies forever**	*Page 103*
Chapter 11 - **Race starts and finishes**	*Page 115*
Chapter 12 - **Mechanical and mechanics**	*Page 129*
Chapter 13 - **As seen from the public**	*Page 141*
Chapter 14 - **Advertising and catering**	*Page 153*
Notes about the author	*Page 164*

Traduction : Jean-Philippe Doret

GENÈSE / GENESIS

Washington Photo
Une déjà longue histoire

Connue et reconnue pour être la plus grande compilation au monde de photos liées aux 24 Heures et à son histoire depuis 1949, la collection « Washington Photo » fait régulièrement le bonheur de milliers de passionnés de la course mancelle.

Commencée bien avant-guerre sous l'égide du photographe P. Lafay, alors au 229 de l'avenue Jean-Jaurès, juste à l'entrée de la Lune de Pontlieue, cette collection n'a cessé de s'enrichir au fil du temps. Grâce à de multiples négatifs pris sur le vif au circuit ou lors des opérations de pesage en centre-ville, les 24 Heures prenaient place dans les mémoires.

Etaient alors à l'origine de cette volonté de mettre en images la magie du Mans, le « Studio Lafay » bien sûr, qui revendait à sa clientèle les photos les plus réussies du week-end ; mais également les différents journaux locaux qui ne disposaient pas à l'époque de photographes attitrés et qui réclamaient donc au professionnel de Pontlieue une bonne couverture de l'évènement ; ou encore l'A.C.O. elle-même qui achetait après la course les photos qui lui semblaient les plus spectaculaires.

Mais bizarrement, si ce trésor patrimonial s'enrichissait année après année, les négatifs restant la propriété du magasin, il ne s'est pas révélé du jour au lendemain !

Cette collection connaîtra enfin ce qu'on pourrait aussi appeler comme sa seconde vie sous l'égide de « Washington Photo ». Cette histoire, c'est donc aussi celle de Nicole, unique détentrice de la collection et c'est son mérite aujourd'hui, à travers cet ouvrage, d'en vouloir montrer l'un des aspects méconnus.

Michel Bonté

Washington Photo
A long story

Known and renowned as the world's greatest compilation of pictures dedicated to the 24 Hours and their history since 1949, the "Washington Photo" collection is a regular source of happiness for thousands of fans of the great Le Mans race.

This collection was started long before World War II under the guidance of photographer P. Lafay at 229 Avenue Jean Jaures (right at the entrance of the Lune de Pontlieue), and always grew up through the years. With numerous negatives from snapshots taken on the circuit or during the technical verification in the heart of the city of Le Mans, the 24 Hours of Le Mans made their way through everybody's memory.

This desire to take pictures out from the magic of Le Mans came of course from the "Studio Lafay", which sold the most beautiful pictures of the race weekend to its customers, and also to various local newspapers which could not have regular photographers and requested a good coverage from the professional from Pontlieue. Even the ACO purchased the pictures which seemed the most spectacular after the race.

Strangely, the richness of this heritage grew up through the years, but the negatives remained the property of the workshop so it was not immediately revealed!

This collection would enjoy what could be called a second life under the supervision of "Washington Photo". This story is also Nicole's, the only owner of the collection, and today it is her privilege to unveil one of its least-known aspects.

Michel Bonté

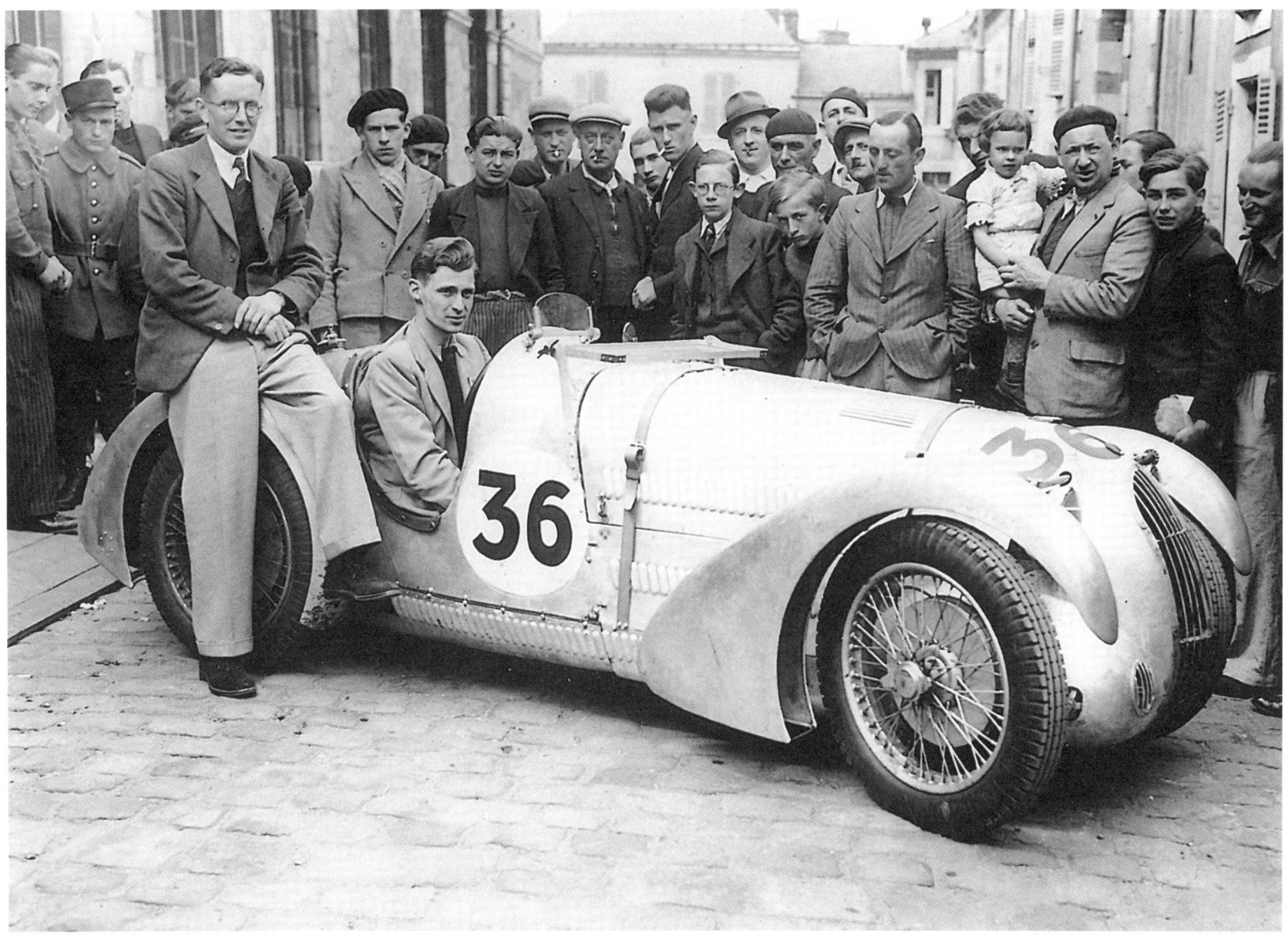

Les plus anciens clichés du « Studio Lafay » liés aux 24 Heures remontent à l'avant-guerre. Mais les inondations de l'Huisne, en janvier 1966, ont eu raison de la période 1923-1939. Une perte irréparable pour la mémoire du Mans. Reste heureusement quelques photos anciennes... comme celle de la M.G. Midget de l'Américain Collier (avec des lunettes), rue de la Halle aux Toiles en 1939.

The oldest pictures of the Studio Lafay date from the pre-war period, but the flooding of the Huisne in January 1966 destroyed the images from the 1923-1939 era. This was an irreparable loss for the heritage of the 24 Hours, but fortunately some old postcards remain...

COLLECTION WASHINGTON PHOTO

PRÉFACE / FOREWORD

Renaissance d'un trésor

Quand Nicole se rendra propriétaire du vénérable magasin du 216 de l'avenue Jean-Jaurès, au début des années 80, et elle-même formée aux multiples facettes de la photographie à Paris, non loin des Champs-Elysées (rue Washington précisément), elle était loin de se douter de ce qui l'attendait.
Bientôt rejointe par ses filles Isabelle et Valérie qui mettaient la main à la pâte, Nicole entreprenait de poursuivre l'œuvre de sauvegarde entamée en 1949. Nouveau coup de pouce du destin avec l'entrée en lice de Philippe (gendre de Nicole), passionné des 24 Heures, qui allait remettre de l'ordre dans tous ces clichés. Mais nous n'étions pas encore au bout de cette saga familiale.

« C'est tout à fait par hasard qu'un jour René est passé devant le petit magasin de photos que je venais de racheter, place Washington, et que j'avais aussitôt baptisé du même nom que le premier studio parisien où j'avais tout appris. Ce clin d'œil du destin, je ne pouvais pas le laisser passer. »

Ce jour de 1997, dans la vitrine du bas de la rue Nationale, de beaux clichés des 24 Heures annoncent que dans quelques semaines la course reprendra ses droits au Mans. En simple passant, René Burck les admire depuis le trottoir, et poussé par la curiosité, s'en vient à interroger la propriétaire des lieux sur l'origine de ces photos qui ornent la vitrine. Une autre histoire commence, tout aussi étonnante, qui va lier deux destins et alimenter de surcroît la fièvre des amoureux des 24 Heures.

« La mise en valeur de la collection, c'est à lui qu'on la doit car il a su la faire revivre via les salons (« Rétromobile », Bruxelles et Essen) et le stand sur le circuit et quand il est décédé en 2004, je ne pouvais faire autrement que de poursuivre son œuvre. »

Maintenant que l'heure de la retraite approche, Nicole s'est donné un dernier challenge afin que le travail de René ne tombe pas dans l'oubli : « Je voulais terminer notre histoire commune sur quelque chose qui reste dans les mémoires des passionnés, leur montrer qu'il a existé, sur le circuit du Mans autre chose que les voitures et la piste. Faire revivre l'ambiance des belles années des 24 Heures quand le public associait, à cette semaine du mois de juin l'idée d'une belle et grande fête de famille. Pourquoi ce choix qui va de 1949 à 1959 ? parce qu'il me semble qu'à cette époque de l'après-guerre, l'insouciance était au rendez-vous. C'est de cet esprit de fête et de partage dont je voulais témoigner à travers ces clichés souvent inédits et j'espère que les générations futures sauront le préserver le plus longtemps possible grâce à ce livre. »

Nicole Pecoraro

A treasure reborn

When Nicole became the owner of the old and famous store on the 216 Avenue Jean Jaures in the early 1980s, she was trained to the various aspects of photography in Paris near the Champs-Elysees (Rue Washington precisely), and was far to imagine what to expect. Nicole soon received precious backup from her daughters Isabelle and Valerie, and continued the act of preservation of the Le Mans heritage initiated in 1949. Another support came from Philippe, Nicole's son-in-law. An enthusiast of the 24 Hours, he archived all the pictures. But this family story was not finished yet.

"By chance, René one day passed by the small photo store I just purchased Place Washington, which I gave the name of the photo studio where I learned everything in Paris. This was another good omen I could not miss."

That day in 1997, in the shop window down the Rue Nationale, some beautiful pictures from the 24 Hours announced the race to come in a few weeks. As a streetwalker, René Burck watched them from the sidewalk and curiosity pushed him into the store to ask further information about the origin of the pictures on display to the shop owner. This marked the beginning of another and equally surprising story which would unite two destinies and feed the passion of the 24 Hours' enthusiasts.

"The collection was enhanced thanks to him because he gave it another life through motor shows (like Retromobile in Paris, and also in Brussels and Essen) and the stand we opened on the Le Mans circuit. When he passed away in 2004, the only thing I could do was to continue his work."

Now, time to retire has come for Nicole, but she initiated her last challenge for René's work not to be forgotten. *"I wanted to put an end to our common story with something which would remain in the memory of the race enthusiasts, in order to show them that something different from the track and racing cars has also existed on the Le Mans circuit. The intention is to revive the atmosphere of the golden years of the 24 Hours, when this full week of June was synonymous of a great and beautiful family party for the public. Why choosing the 1949-1959 period? Because to me, the post-war era looked like a time of casualness. With these mostly previously unissued pictures, I want to leave a testimony of sharing and celebration, and I hope the future generations will preserve it as long as possible with this book."*

Nicole Pecoraro

Image émouvante du dernier salon « Rétromobile » à Paris, en février 2004, sur le stand « Washington Photo », tenu par René Burck et Nicole.

This emotional picture shows René Burck and Nicole holding the Washington Photo stand for the last time together in the last Retromobile show in Paris in 2004.

Washington Photo, c'est aussi une (belle) histoire de famille puisque Nicole (au centre) a toujours été suivie dans sa passion par ses filles, Valérie (à gauche) et Isabelle.

Washington Photo also is a (great) family story: Nicole's (centre) passion has been shared through the years by her daughters Valérie (left) and Isabelle.

Rêve d'enfant

Du plus loin que je me souvienne, et cela ne date pas d'hier, j'ai toujours été fier de clamer mon lieu de naissance, surtout à la figure de ces petits Normands qui ne respectaient rien ni personne... et surtout pas ce rouquin venu d'ailleurs !

Pour l'étranger aux cheveux rouges que j'étais alors, malmené comme il se doit par ses contemporains de la cour de récréation, le fait d'être né au Mans constituait la plus belle des revanches. Au moins, moi, j'étais du pays des 24 Heures et dans ma tête de piaf impétueux, cela suffisait amplement à rétablir l'équilibre génétique avec cette horde de barbares du Calvados.

Encore fallait-il le prouver, et dès que j'eus reçu en cadeau ce merveilleux Kodak Junior à soufflet qui allait décider pratiquement de ma vocation, je n'eus de cesse que de ramener la preuve de ce que j'avançais.

La chance me sourit un jour de vacances de Pâques quand, traditionnellement, la famille Bonté s'en allait rendre visite aux lointains grands-parents de Château-du-Loir. Une véritable aventure depuis Falaise !

Bref, quand la guimbarde familiale dévalait la descente du Tertre Rouge, le jeu consistait à faire prendre à mon père la première route à droite pour « aller voir le circuit ». C'était rarement le cas, mais ce jour-là, allez savoir pourquoi, la voiture n° 14 obliqua et prit à contresens le mythique tracé jusqu'aux installations en dur de l'A.C.O. Vous ne pouvez imaginer l'émotion qui nous saisira alors en passant sous le pneu Dunlop, puis à la vue des tribunes dressées comme autant de monuments.

Soudain un monstre !

Cette fois-là, la famille Bonté à peine débarquée au pied des stands pour une courte pause, le bruit musclé d'une voiture de course envahit l'atmosphère, répercuté à l'envi par le couloir sonore que formaient les constructions en dur de part et d'autre de la route de Laigné, alors ouverte à la circulation. Le temps d'armer mon appareil et tels les reporters que je guettais chaque année avec envie lors des premières retransmissions télévisées du Mans, j'eus la chance de figer pour la postérité ce qui me semblait être un « monstre » de puissance et de fureur.

Le hasard voulut que, malgré mon inexpérience, j'avais appuyé sur le déclic au bon moment. Fixé pour la postérité, ledit « monstre » s'avéra être la fameuse R.B. conçue par le Manceau René Breuil et alignée aux 24 Heures en 1956. Jamais je ne fus plus fier que le jour où le photographe me remit le tirage noir et blanc de cet instant (réussi) d'éternité !

Aussi comprendrez-vous que le projet de réunir dans un même ouvrage, lié au passé des 24 Heures, souvenirs d'antan et ambiance mélancolique nous tenait en éveil depuis fort longtemps. Encore fallait-il que la charmante Nicole nous autorise à fouiller une bonne fois pour toutes dans son « fameux trésor » et se décide à faire revivre, au travers la collection « Washington Photo », ces années Cinquante magnifiées au fil des éditions.

Aujourd'hui c'est chose faite et grâce à ITF, historique imprimeur du virage de Mulsanne, c'est une chance de pouvoir feuilleter « Eternel'Le Mans » au rythme de ses propres souvenirs. Que chacun retrouve ainsi son âme d'enfant grâce à ce circuit que nous avons tant aimé... et qui nous fait rajeunir chaque année, au mois de juin.

Michel Bonté

A child's dream

As far as I can remember (from a long, long time ago!), I have always been proud to mention my birthplace, especially in the face of those little guys from Normandy who respected nothing and nobody... and especially this redhead coming from out of nowhere!

For the red-headed alien (mocked by the other kids during school breaks) I was at that time, the fact of being born in Le Mans was the sweetest revenge I could enjoy. For the impetuous youth I was, coming from the homeland of the 24 Hours was enough to restore the balance of power with this bunch of barbarians from Calvados.

I had to prove it though, and when I received a wonderful Kodak Junior with bellows as the gift that definitely decided of my career, I could tirelessly bring back the most accurate evidence for my statements.

One day, I got lucky during the Easter holidays, when the Bonté family traditionally paid a visit to the grandparents living far away in Chateau-du-Loir. The road trip from Falaise was a real adventure!

So when the good old family car was driving down the Tertre Rouge, my game was to convince my father to make a right to "go see the circuit". This rarely worked, but that day (don't ask why!) the car with license plate 14 turned and went through the legendary circuit layout the wrong way to the ACO buildings. You cannot imagine the emotion when driving under the Dunlop bridge, and when seeing the grandstands stretching up like monuments.

Suddenly a monster !

That time, the Bonté family just reached the pit lane for a short break when the heavy sound of a racing car filled the air, echoed by the buildings standing up on each side of the road to Laigné, which was open for road use. I took time to wind on my camera and, like the reporters I enviously watched on the first TV broadcasts of the 24 Hours, I had the chance to shoot what looked to me like a monster of horsepower and fury.

Chance made me take the picture at the right moment despite my inexperience: this "monster" was the famous RB designed by René Breuil from Le Mans. It entered the 24 Hours in 1956. I never was as proud as when I received the black-and-white print of this snapshot taken for eternity!

So I am sure you understand that this project of combining past memories and a melancholic atmosphere within the same book was in our minds for quite a while. We just needed a "green light" from Nicole for us to definitely search her famous treasure, and her decision to revive the golden fifties magnified by the various runnings of the 24 Hours in this book.

This dream is fulfilled today. Thanks to ITF, the historical printing company based in the Mulsanne corner, we are really lucky to flip through the pages of "Eternel'Le Mans" and to follow our own memories. May everyone feel again like a child thanks to this circuit we loved so much... and makes us young again every year in June.

Michel Bonté

En avril 1957, la R.B. procédait à des essais de tenue de route sur le circuit après que son concepteur, René Breuil, lui eut ajouté un aileron (de type Jaguar D) destiné à améliorer sa stabilité à grande vitesse. Ses pilotes (Py-Dommée) s'étaient plaints de la difficile tenue de cap dans les Hunaudières. L'auteur de la photo avait donc 10 ans au moment de ces tests de mise au point...

In April 1957, the RB was undertaking handling tests on the circuit, after its designer René Breuil added a D-Type Jaguar-style wing to improve stability at high speed. The car's driving squad Py and Dommée complained about handling difficulties on the Mulsanne straight. The man who took this picture was only ten years of age during this test session...

COLLECTION WASHINGTON PHOTO

CHAPITRE 1

Les grandes figures des années cinquante

The key personalities from the fifties

Depuis la première édition des 24 Heures, les 26 et 27 mai 1923, de nombreux personnages se sont illustrés sur et autour de la piste du Mans. Le choix que nous avons fait de vous montrer quelques-unes des « figures » de l'immédiat après-guerre ne préfigure aucune hiérarchie.

Cette galerie de portraits saisis sur le vif tient d'abord et avant tout à l'originalité du document ou à la symbolique qui s'en dégage par rapport à l'histoire de la course sarthoise.

C'est donc un choix purement affectif et cela reste vrai pour chacun des thèmes qui composent ces quatorze chapitres et nourrissent cet album de souvenirs en noir et blanc de visages connus et inconnus.

Since the first running of the 24 Hours on May 26-27, 1923, many personalities made history on and off the Le Mans race track. Our selection will introduce you to some from the post-World War II period without any purpose of hierarchy.

The major interest of this gallery comes from the originality of the picture, or from its symbolic relevance in regard to the history of the Sarthe event. This is a pure enthusiast's choice, and also the guideline for the topics of each of the fourteen chapters of this book featuring memories in black and white of known and unknown faces.

On ne nous en voudra pas de débuter cet hommage aux « figures » des 24 Heures des années 50 par Pierre Levegh. De son vrai nom Pierre Bouillin, ce parisien bon teint faillit bien faire échec à lui tout seul à l'usine Mercedes lors de l'édition 1952. Au volant de sa Talbot T 26 n° 8, sans jamais céder sa place à son coéquipier Marchand, Levegh tint tête durant presque 23 heures aux 300 SL de Neubauer. La fatigue et la déshydratation eurent raison de son entêtement (surrégime à Arnage) et sur ces deux clichés totalement inédits, on peut mesurer la détresse qui s'abattit sur ses épaules lors de son retour aux stands.
Trois ans plus tard, en souvenir de son exploit, Alfred Neubauer fit appel à ses services sur les conseils de Charles Faroux... et le malheur voulu que Pierre Levegh se trouva être « l'acteur » malheureux du drame du 11 juin 1955 au volant de la Mercedes n° 20.

....

We will not be blamed for beginning this tribute to the personalities from the fifties with Pierre Levegh. His real name was Pierre Bouillin, and this typical guy from Paris almost defeated the Mercedes factory in 1952. Levegh never handed over to his team mate Marchand and resisted Neubauer's SLSs. Tiredness and dehydration defeated his doggedness when he over-revved at Arnage. On these previously unissued pictures, you can see the distress falling on his shoulders when he came back to the pits.
Three years later, Alfred Neubauer remembered this feat and hired him upon the suggestion of Charles Faroux... Pierre Levegh was the unfortunate "actor" of the tragedy of June 11, 1955 at the wheel of the #20 Mercedes.

COLLECTION WASHINGTON PHOTO

Quel plus beau symbole que l'image de ce face à face souriant entre Paul Jamin et Charles Faroux ? Le premier, pilote émérite de l'usine Léon Bollée à la fin du XIXe, avait succédé à Gustave Singher à la tête de l'A.C.O., en 1947, avec pour tâche immédiate de relancer les 24 Heures. Le second, journaliste respecté à « La Vie Automobile », peut être considéré comme l'un des pères fondateurs de l'épreuve puisqu'il ébaucha le règlement technique de la première édition du Mans, en 1923.

....

What better symbol could you find with the picture of Paul Jamin and Charles Faroux smiling at each other? The first was a talented driver of the Léon Bollée factory at the end of the 19th century, and succeeded Gustave Singher at the head of the ACO in 1947. His first task was to relaunch the 24 Hours. The second was a respected journalist at "La Vie Automobile" and could be considered as one of the founders of the race: he sketched out the technical regulations of the first running of the 24 Hours of Le Mans, in 1923.

Puisque l'on se retrouve avec les grandes figures des 24 Heures, saluons le souriant Eric Thompson qui savoure ici (bras croisés) sa 3e place acquise avec Lance Macklin en 1951 sur Aston Martin. Né en 1919, Thompson vient d'être distingué par l'A.C.O. en avril dernier, sur le circuit de Silverstone, au titre de plus ancien pilote encore en vie du British Racing Drivers Club.

....

Drivers Racing Club.
Another personality of the 24 Hours to be saluted: the smiling Eric Thompson (crossing his arms) enjoys the third position by Lance Macklin with an Aston Martin in 1951. Born in 1919, Thompson has just been distinguished by the ACO last April on the Silverstone circuit, as the oldest former driver alive in the BRDC (British Racing Drivers' Club).

COLLECTION WASHINGTON PHOTO

Louis Rosier et Juan Manuel Fangio, lors du pesage de l'édition 1951 à la salle Courboulay, étaient l'objet de tous les regards. Mais la Talbot T26 n° 6 du géant clermontois et du champion argentin n'était pas à la hauteur des talents réunis de cet équipage de légende... et l'histoire tourna court.

....

During the technical verification of the 24 Hours in 1951, Louis Rosier and Juan Manuel Fangio attracted everybody's eyes. However the #6 Talbot T26 of the tall guy from Clermont and the ace from Argentina did not match the driving talents of these two legends... Their race story was very short.

Jean Lucas, brillant pilote Ferrari (n° 12 en 1955), était devenu un véritable héros local par la grâce de Luigi Chinetti. Non seulement cet authentique Sarthois s'avéra être un pilote de qualité, mais le magasin de vêtements de ses parents, « Au Bon Diable » (rue Nationale), était apprécié de tous les Manceaux

....

A brilliant Ferrari (#12 in 1955) driver, Jean Lucas had become a real local hero thanks to Luigi Chinetti. This man from La Sarthe not only was a driver of quality, but the clothing store "Au Bon Diable" (located in Rue Nationale) owned by his parents was very much appreciated by the Le Mans dwellers.

COLLECTION WASHINGTON PHOTO

Coup de chapeau chez Mercedes à l'arrivée des 24 Heures 1952. Pendant que Levegh dort du sommeil du juste après son abandon, Neubauer et ses pilotes victorieux (Riess et Lang) se congratulent, couvre-chefs posés sur la 300 SL (n° 21) victorieuse. Comme un symbole de l'entente entre les pilotes et leur chef de stand.

Hats off for the Mercedes team at the finish of the 24 Hours in 1952. While Levegh was quietly sleeping right after he retired from race, Neubauer and the winning drivers Riess and Lang congratulate each other with their helmet and hat "on display" on the winning 300 SL (#21), like a symbol of the good understanding between the drivers and their team manager.

COLLECTION WASHINGTON PHOTO

Paul Frère restera à jamais dans nos mémoires comme le confrère le plus délicieux... et le plus pertinent qu'on ait connu en salle de presse... et sur la piste des 24 Heures. Ses débuts au Mans en 1955 furent remarquables puisqu'il signa une magnifique 2ᵉ place (sur Aston Martin) avec l'expérimenté Peter Collins. Ses compatriotes belges l'attendaient caméra au poing après l'arrivée.

Paul Frère will forever remain in our memories like the most charming fellow journalist, and also the most accurate one we ever met in the press room... and on the race track of the Le Mans circuit as well. His Le Mans debut in 1955 was remarkable with a great second-place finish (at the wheel of an Aston Martin) with Peter Collins, a team mate of experience. His fellows from Belgium waited for him with cameras ready to shoot.

COLLECTION WASHINGTON PHOTO

Au pesage des Jacobins, en 1955, Enrico Nardi déclencha la curiosité de tous les observateurs avec ce curieux prototype à double ponton, pilote et réservoir à droite et moteur Giannini à gauche. Mais l'ingénieur italien avait tout simplement oublié le déséquilibre qu'engendrerait dans la conduite son réservoir une fois allégé. Et la n° 61 termina au fossé dans les Hunaudières avec son pilote Mario Damonte (notre photo), littéralement soufflé par le passage d'une grosse cylindrée.

At the technical verification of the Jacobins in 1955, Enrico Nardi raised the curiosity of all the people with this curious prototype with double pod, with the driver and fuel tank on the right side and Giannini engine on the left side. However the Italian engineer just forgot the change of balance in driving generated by the fuel tank getting lighter. The #61 finished its race on the roadside in the Mulsanne straight with its driver Mario Damonte (pictured here). It was actually blown out of the track by a more powerful car.

Deux sacrés caractères, mais un même amour de la course que partageaient Raymond Acat (à gauche), secrétaire général de l'A.C.O. et Alfred Neubaeur, responsable du service course de Daimler Benz. Réalisée lors du pesage des 24 Heures 1955, cette photo prend valeur de document car les deux hommes avaient beaucoup échangé par courrier au sujet du règlement technique... avant la course.

Raymond Acat (General Secretary of the ACO, left), and Alfred Neubauer, the head of the racing activities of Daimler Benz, were strong personalities but shared the same love for racing. This picture was taken during the technical verification of the 1955 24 Hours and is a real document because these two men wrote many letters to each other about the technical regulations... before the race.

COLLECTION WASHINGTON PHOTO

Mort en 1998, on ne saurait oublier dans cette galerie du passé Ferdinand « Ferry » Porsche qui fut, dès 1951, l'initiateur de l'engagement au Mans de la firme Porsche via la toute nouvelle 359. Depuis, la firme allemande n'a jamais manqué l[e] rendez-vous de juin comme ici, lors des essais de 1956 où, bra[s] dans le dos comme un général avant l'assaut, le patron de Stuttgart semble passer en revue le bataillon des 550.

This photo gallery from the past cannot forget Ferdinand "Ferry" Porsche, who passed away in 1998. As early as 1951 he initiated Porsche's race commitment at Le Mans with the brand new 360 model. Since then the German brand never missed the great June event. The boss from Stuttgart is pictured here in 1956, and seems to review the "battling squad" of the 550 cars with his hands behind the back.

Pour un peu, à la vue du casque pour le moins usagé du baron Von Frankenberg, on ferait appel à la générosité du public du Mans (en 1956) pour offrir au pilote Porsche un couvre-chef plus seyant.

At the sight of the (very) used helmet of baron von Frankenberg, an appeal to the generosity of the Le Mans people (in 1956) would offer the Porsche driver a much a more appropriate headgear.

COLLECTION WASHINGTON PHOTO

Deux mois après leur retentissant succès (sous la pluie) aux 1000 kilomètres de Montlhéry, Louis Rosier et Jean Behra sont à nouveau réunis par Anthony Lago pour mener à bien la Talbot à moteur Maserati aux 24 Heures 1956. Mais cette fois, il fait grand beau temps au Mans puisque, pour cause de grands travaux de rénovation, la course se déroule en juillet. Soutenus par le public, les deux champions tricolores batailleront jusqu'à la 20ᵉ heure (et le 8ᵉ rang) avant que le pont arrière ne fasse des siennes.

Two months after their resounding victory under the rain at the Montlhéry 1,000-kilometre race, Rosier and Behra were reunited by Anthony Lago at the wheel of the Maserati-powered Talbot at the 1956 24 Hours. But this time the weather was beautiful at Le Mans since the race was held in July further to great renovation work. With great support from the public, the French pair battled until the 20th hour (and 8th position) until the car's rear axle failed.

COLLECTION WASHINGTON PHOTO

Tels des gladiateurs, et à l'image de plusieurs générations de pilotes, la descente de la ligne des stands, juste avant le départ des 24 Heures, constituait toujours pour le public l'occasion de rendre un vibrant hommage aux postulants à la victoire. Peter Collins et le jeune Stirling Moss défendirent ardemment leur chance, mais durent se contenter de la 2e place sur le podium 1956.

For numerous generations or drivers, walking down the pit lane a few minutes before the race start like gladiators was for the public the opportunity to pay a tremendous tribute to the race contenders. Peter Collins and a young driver named Stirling Moss battled hard, but took the runner-up spot on the podium in 1956.

COLLECTION WASHINGTON PHOTO

Olivier Gendebien, qui consulte ici le numéro spécial 24 Heures de « l'Action Automobile », conjuguait mieux que quiconque une certaine élégance à un talent indéniable. Sa 3ᵉ place de l'édition 1956 augurait bien de ses quatre futures victoires pour Ferrari.

Pictured here when reading the special Le Mans issue of the French magazine "L'Action Automobile", Olivier Gendebien combined great elegance and undeniable driving talent like anyone else. His third position in the 1956 24 Hours was a good omen for his forthcoming four victories with Ferrari.

Première apparition des frères Rodriguez au pesage des 24 Heures 1958 sur une Ferrari 500 Testa Rossa engagée par Luigi Chinetti pour le compte du NART. Timides et empruntés aux Jacobins, les jeunes Mexicains devront accepter la dure loi de l'A.C.O. : feu vert pour Pedro l'aîné (18 ans), mais Ricardo le cadet (16 ans) patientera d'avoir l'âge de passer le permis.

....

The 1958 running of the 24 Hours marked the first appearance of the Rodriguez brothers at the wheel of a Ferrari Testa Rossa entered by Luigi Chinetti. The two young Mexicans were shy and awkward at the Jacobins, and had to abide by the tough ACO regulations: the elder brother Pedro (18 years old) got the green light for the race, but his younger brother Ricardo (16 years old) would have to wait to be of legal age for driving license.

COLLECTION WASHINGTON PHOTO

Maurice Trintignant, malgré les succès (24 Heures 1954 sur Ferrari) et les places d'honneur (podium avec Aston Martin en 1959) resta tout au long de sa carrière un homme d'une exquise simplicité. Son surnom de « Pétoulet », crotte de rat en langue d'oc, et son légendaire bonnet de laine allaient de pair avec son caractère enjoué de méditerranéen.

....

Despite his Le Mans victory (in 1954 with Ferrari) and runner-up spot (in 1959 with Aston Martin), Maurice Trintignant remained a man of delightful simplicity during his racing career. His nickname "Pétoulet" (rat dejection in the dialect of the Langue d'Oc from Southern France) and his woollen skullcap perfectly matched the cheerful character of this guy from the Mediterranean area.

Collection Washington Photo

CHAPITRE 2

Le circuit tel qu'il était…
et ne sera plus

The circuit as it was… and will never be again

A lui seul ce chapitre aurait mérité un ouvrage complet ! Redécouvrir ce qu'était le circuit au lendemain de la seconde guerre mondiale s'apparente à un puzzle tellement les « pièces » qui le composaient alors se sont dispersées au fil du temps et des éditions ; notamment lors de la reconstruction des installations à l'issue du drame des 24 Heures 1955.

Parfois même il a fallu s'armer d'une loupe pour restituer la tribune, la passerelle ou le panneau au bon endroit ; ou seulement expliquer le pourquoi et le comment de ces évolutions.

Reste qu'il faut bien reconnaître que si le visage du tracé du Mans a changé, il a sacrément bien résisté aux outrages du temps. Ce qui est loin d'être le cas pour la majorité des autres circuits de la même génération.

This chapter would have deserved a full book in itself! Rediscovering the circuit as it was in the aftermath of World War II looks like a jigsaw, since its pieces are scattered through time and races, especially the rebuilding that followed the 1955 tragedy. Sometimes a magnifying glass was needed to relocate grandstands, foot-bridges and signs at the right place… or simply to explain the reasons for these changes. One thing to be noticed is that the layout of the Le Mans circuit has changed, but it remarkably withstood the ravages of time… This is not always the case for many race tracks of this period.

Après des années d'hésitation dues aux difficiles conditions économiques de l'après-guerre, la reconstruction générale du circuit du Mans pouvait enfin commencer courant 1948. Enfin les nouveaux stands des 24 Heures, passés en revue par les officiels au printemps 1949, pouvaient sortir de terre.

After years of hesitation due to the difficulties of the post-war economic environment, le full rebuilding of the Le Mans circuit began at last in 1948. Reviewed by officials in the spring of 1949, the new pits of the 24 Hours could come out from the ground.

Par contre le mystère demeure quant à cette vue des nouveaux stands sortant de terre... et nantis d'une rangée de fascines en guise de protection. Etourderie de la part de l'architecte ou incompréhension avec les organisateurs ? Nul ne le saura jamais et c'est un dallage de pavés à même le sol qui délimitera bientôt la zone d'arrêt des stands de la piste proprement dite.

There is a mystery about this view of the new pits coming out of the ground and using a row of fascines for protection. Did this come from a careless mistake by the architect of from a misunderstanding with the promoters? Nobody knew, and a paving on the ground would soon separate the pit stop zone from the race track.

COLLECTION WASHINGTON PHOTO

Tout était donc à refaire sur le tracé sarthois de l'après-guerre, y compris les célèbres fascines en genêts tressés de chaque côté de la piste et qui renaissent enfin de l'enfer des bombardements alliés.

Everything was to be done again on the post-war circuit in La Sarthe, including the famous fascines made of weaved broom on each side of the race track, which were coming back to life at last after the bombings of World War II.

L'A.C.O. profita de la reconstruction du circuit en 1949 pour refaire aussi le revêtement en dur de la ligne droite des Hunaudières. Devant les restaurants, saisissant face à face entre les officiels en cravate et les « travailleurs » de la D.D.E. de l'époque.

The ACO took the opportunity of the rebuilding of the circuit to resurface with hard material the straight to Tours. This astonishing picture features officials with ties and the DDE (French division for public equipment) workers in front of the restaurants.

COLLECTION WASHINGTON PHOTO

Le virage du Tertre Rouge constituait depuis l'édition 1932 l'endroit à bien négocier pour s'attaquer à la longue ligne droite des 24 Heures. Entre rangée de platanes, bornes kilométriques et poteaux électriques, les pilotes devaient aussi se méfier du redoutable talus de sable meuble juste à la sortie du virage.

Since 1932, the Tertre Rouge corner was the bend to be perfectly negotiated for a good drive through the great straight of the 24 Hours. Between the row of plane trees, milestones and electricity poles, drivers also had to take good care of the awesome embankment of soft sand when exiting the corner.

Le Tertre Rouge avait son public et ses admirateurs... mais aussi ses commissaires de piste, très proches de l'action comme on peut le constater sur cette photo de l'édition 1959. Apparue en 1953, une deuxième passerelle Dunlop permettait enfin de passer du côté intérieur de la piste sans devoir remonter jusqu'après la bosse du Panorama.

The Tertre Rouge had its public, its admirers... and its marshals too, who were very close to race action, as seen on this picture of the 1959 24 Hours. The second Dunlop bridge appeared in 1953, and enabled to join the inside part of the race track without walking up to the Panorama bump.

COLLECTION WASHINGTON PHOTO

A Mulsanne, dans la brume du petit matin et sur fond de château d'eau, quelques commissaires s'éveillent après avoir dormi sous la tente. Survient alors la fameuse Bentley Corniche (n° 14 en 1951) qui passe... au feu vert !

In the morning mist and with a water tower in the background at Mulsanne, a small group of marshals are waking up after sleeping under the tent. Then comes the famous Bentley Corniche (#14 in 1951) passing... at the green light!

Cinq ans plus tard, conséquence directe du drame de 1955, la signalisation des écuries se trouve transplantée à Mulsanne, virage le plus lent du circuit. Panneauteurs, qui disposent d'installations en dur, et pilotes (ici Fernand Tavano sur la Ferrari n° 21) peuvent désormais communiquer à vue et par gestes en toute tranquillité.

As a direct consequence of the 1955 tragedy, the teams' signalling pits were transferred to Mulsanne, the slowest corner of the circuit. The signalling guys enjoyed new buildings, and drivers (Fernand Tavano is pictured here with the #21 Ferrari) could quietly communicate in sight and gestures.

A en juger par les banderoles qui fleurissent aussitôt sur le muret devant les nouveaux stands de signalisation, les annonceurs ont vite flairé la bonne affaire... face aux photographes qui se pressent maintenant à l'extérieur du virage de Mulsanne.

....

Considering the advertising streamers which immediately flourished on the wall of the new signalling pits, the advertisers rapidly made good money there... in front of the photographers massively gathering outside the Mulsanne corner today.

Une belle Américaine (Cadillac n° 2 en 1950) à Indianapolis, voilà un joli pied de nez de l'histoire. Ce virage, situé entre ceux de Mulsanne et d'Arnage, porte en effet ce patronyme depuis qu'il fut relevé en 1928 à partir d'un sous-sol en briques... à l'instar du fameux ovale américain qui date lui de 1909.

....

This beautiful car from America (#2 Cadillac in 1950) at Indianapolis is a funny reference to the motor racing history. This corner located between Mulsanne and Arnage bears this name since it got some banking in 1928 with an underground lay of bricks... like the famous Indianapolis Motor Speedway, which was opened in 1909 in the United States.

A Arnage en 1955, la télévision fait comme chez elle et s'installe en bord de piste pour filmer les premières retransmissions en direct. Il est vrai que de l'autre côté du virage, avec le chef de poste Charles de Cortanze qui agite son chapeau texan à chaque passage, le spectacle ne manque pas.

....

TV crews made themselves home at Arnage by settling on the trackside for the first live broadcasts. They could also enjoy the sight of André de Cortanze, the head of the marshals' post, waving his cowboy hat at each car passing... That's (Le Mans) entertainment!

COLLECTION WASHINGTON PHOTO

Le poste de chronométrage, placé côté stands, fut installé juste en face de la ligne d'arrivée au début des années cinquante. Dans cette baraque en bois orientée plein sud, et donc surchauffée l'été, les « aboyeurs » annonçaient les numéros des voitures tour par tour pour que les chronométreurs enregistrent leur temps sur les feuilles de classement.

....

The timing post was located on the pit side and settled right in front of the finish line during the fifties. This wooden barrack was oriented full south, and so was overheating in summer. From there the "screamers" announced the cars' race numbers lap by lap so the timekeepers could write down their time on the classification sheets.

Un dallage de pavés pour délimiter la travée des stands où les voitures devaient s'arrêter, ce n'était pas forcément une bonne idée... surtout par temps de pluie ou en cas de fuite d'huile. Aussi disparaîtront-ils lors de la réfection des stands en 1956.

....

Using cobblestone paving as the limit for the pit lane where the cars had to stop was not really a good idea... especially under the rain or in case of oil leaking. These cobblestones would disappear when the pits were rebuilt in 1956.

Suite à l'arrivée de la télévision aux 24 Heures, à partir de l'édition 1955, l'A.C.O. a pensé au confort des cameramen de plus en plus nombreux à venir au Mans. Ferodo en profite pour faire sa pub sur cet échafaudage installé juste après la tribune de presse (où travaillaient les « baveux ») et exclusivement réservé à ceux qu'on appelait alors (par opposition) les « presse boutons ».

....

Further to the coming of television at the 24 Hours as from 1955, the ACO thought about the comfort of the camera operators coming to Le Mans in growing numbers. The advertising staff of Ferodo made a promotional use of the scaffolding exclusively dedicated to the "push-the-button guys" and built near the press grandstand, the home of the "folks with typewriters and microphones".

Désormais, de jour comme de nuit (merci Marchal), le public peut suivre tour par tour la progression de ses favoris sur le portique géant installé derrière les stands en 1949. La suite d'une longue tradition au Mans... que l'A.C.O. vient de remettre au goût du jour cette année avec la Tour Michelin.

....

At day and night (special thanks to Marchal!), the public could follow the classification of its favourites lap by lap on the giant portico installed behind the pits in 1949. This long-time Le Mans tradition has just been updated this year by the ACO with the Michelin tower.

COLLECTION WASHINGTON PHOTO

Pas forcément visible à l'œil nu, le rayon de braquage du virage Dunlop sera revu à la baisse après l'accident de 1955, de façon à ralentir la vitesse des voitures devant les stands. Ici le premier passage des concurrents du fond de grille juste après le départ des 24 Heures 1956.

This cannot be noticed at first sight, but the turning circle of the Dunlop curve was diminished further to the 1955 accident, in order to slow down the cars when passing by the pits. The first lap of the cars starting from the back of the grid at the 1956 24 Hours is pictured here.

Sur ce document pris avant les 24 Heures 1956, on se rend mieux compte de l'ampleur des travaux destinés à refermer le rayon de braquage de la courbe Dunlop, avec en sus échappatoire en bout de ligne droite des stands et butte en terre pour le public à l'extérieur du virage.
Désormais, on peut aussi accéder directement à la fameuse Rotonde des Comptoirs Modernes, temple de la restauration à la carte, à dominante poulet frites et Goulou.

This picture was taken before the 1956 24 Hours and emphasizes the magnitude of the works that closed the turning circle of the Dunlop curve. It included a safety lane at the end of the pit straight and a mound of earth for the public outside the corner. From this moment on people could also reach the famous Rotonde Des Comptoirs Modernes, the place for a la carte catering, especially dedicated to chicken, French fries and Goulou (a typical wine from Le Mans).

COLLECTION WASHINGTON PHOTO

Les nouveaux stands, avec balcons de ravitaillements depuis leur reconstruction en 1956, brillent désormais de mille feux la nuit. Ce n'est pas le public noctambule qui s'en plaindra ni les invités du club BP, au-dessus du portillon d'entrée sur la piste.

The new pits, that feature refuelling balconies since they were rebuilt in 1956, shine at night, for the great pleasure of the guests of the BP club, above the track access gate.

COLLECTION WASHINGTON PHOTO

CHAPITRE 3

Quand un pesage chasse l'autre

Technical verification in various locations

Il est parfois difficile de s'y retrouver au hasard des différents positionnements des vérifications techniques des 24 Heures. Même si l'Automobile Club de l'Ouest a toujours privilégié la convivialité du « pesage » cher aux Manceaux en installant les opérations de contrôle en centre-ville, du moins jusqu'au début des années soixante, il est parfois peu aisé de reconnaître les lieux et les années tant la cité cénomane a évolué dans son architecture. Voici donc un panorama à peu près complet des quatre sites ayant accueilli entre 1949 et 1959 le fameux « pesage » que le monde entier nous envie.

Sometimes it is difficult to have a general view of the various locations of the 24 Hours' technical verification (also known as "Pesage" in French). Even if the Automobile Club de l'Ouest (ACO) has always privileged the conviviality of this event cherished by the people of Le Mans by settling it in the center of the city until the early sixties, it is sometimes difficult to identify the locations because of the changes in the architecture of the city. These pictures feature an almost complete chart of the four sites welcoming the famous "Pesage", a specificity of the 24 Hours envied by the world.

Pour la reprise des 24 Heures en 1949, après dix ans d'interruption due au conflit mondial, l'A.C.O. a mis les petits plats dans les grands et habillé de neuf l'entrée de la vénérable Halle aux Toiles. C'est donc un retour aux sources pour les amoureux de l'endurance et de la belle carrosserie. Autant dire que ce premier pesage de l'après-guerre attire déjà, place d'Alger, nombre de curieux venus à vélo admirer l'arrivée du coach Healey n° 20.

For the rebirth of the 24 Hours in 1949 after ten years of suspension due to World War II, the ACO made things great with the renovated entry of the good old Halle Aux Toiles. The lovers of endurance racing and beautiful cars were actually going back to the roots, so the first technical verification of the post-war period attracted many people riding to the Place d'Alger to admire the arrival of the #20 Healey.

Un an plus tard, c'est dans le manège équestre de la caserne Cavaignac, juste derrière l'église Coëffort, que Amédée Gordini (n° 42) et les concurrents de la 18ᵉ édition des 24 Heures se présenteront pour les vérifications techniques.

One year later, the technical verification for Amédée Gordini (#42) and the other entrants of the 18th running of the 24 Hours took place in the horse riding school of the Cavaignac military station, located right behind the Coëffort church.

COLLECTION WASHINGTON PHOTO

Ou l'on peut constater d'un seul coup d'œil, et la vétusté du bâtiment (manège de la caserne Cavaignac) qui accueille le « pesage » en cette année 1950, et l'ampleur des travaux de carrosserie qu'a eu à subir nuit et jour l'imposant prototype de Cunningham pour se présenter à l'heure dite devant les commissaires sportifs de l'A.C.O. A côté du « Monster », la petite D.B. de René Bonnet a l'air d'un jouet !

At first glance you can notice the antiquated condition of the Cavaignac horse riding school in 1950, as well as the day-and-night bodywork accomplished on Cunningham's big prototype for it to be presented in due time to the ACO marshals. The tiny DB by René Bonnet looked like a toy alongside the car known as the "Monster"!

COLLECTION WASHINGTON PHOTO

A l'ombre de l'imposante et sobre église Coëffort, juste devant la caserne Cavaignac où il a rendez-vous avec ses Ferrari, Luigi Chinetti est attendu de pied ferme par les journalistes de l'édition 1951. Fort de ses deux victoires d'avant-guerre sur Alfa Roméo (1932 et 1934), n'est-il pas redevenu l'un des hommes à battre après son étonnant et victorieux cavalier seul de l'édition 1949 ?

In the shade of the unostentatious and massive Coëffort church, right before the Cavaignac military station where he joined his Ferraris, Luigi Chinetti is impatiently awaited by the journalists of the 1951 24 Hours. After his two pre-war victories with Alfa Romeo (in 1932 and 1934), he was again the man to be beaten after his stunning solitary drive for his third Le Mans win in 1949.

COLLECTION WASHINGTON PHOTO

Devant l'ancienne gare des Tramways due à l'imagination de l'ingénieur Harel de la Noé, l'imposante armada Cunningham se présente en ordre serré avant le pesage 1952. Le début d'une longue tradition que cette photo de famille des écuries que tout photographe qui se respecte se doit d'immortaliser !

In front of the former tram-line station designed by the engineer Harel de la Noé, Cunningham's impressive armada is coming in tight line for the 1952 technical verification. This was the start of the long tradition of the teams' photo session, not to be missed by any photographer since then!

COLLECTION WASHINGTON PHOTO

Désormais transformé en salle de basket à usage du club local, le grand hall de la salle Paul Courboulay fait le plein de curieux et d'officiels pour le pesage de 1952. Le pli est vite pris même si le lieu est inédit.

The great hall of the Paul Courboulay venue is now used for the local basketball club and welcomed the crowd and officials of the 1952 technical verification. Even though the site was unusual, everybody got rapidly used to it.

Même s'il faut respecter les arbitres, comme il est écrit au dos des paniers de basket, la discussion est serrée entre Briggs Cunningham et les commissaires techniques de l'A.C.O. en ce pesage de 1952. L'histoire ne dit cependant pas en quelle langue les points techniques sont évoqués entre les deux parties. Cela pourrait d'ailleurs entrer dans un autre chapitre intitulé « les mystères du Mans ».

Even if officials must always be respected (as stated on basketball backboards), the conversation between Briggs Cunningham and the ACO officials seemed to turn into an argument at the 1952 technical verification. Nobody would know in which language the technical points were discussed, and this would open another chapter for this book, to be named "The Le Mans mysteries".

Pour asseoir leur incontestable autorité, la cravate est cependant de rigueur pour les officiels de l'A.C.O.... même s'il y a différentes manières de la porter, en chemise et bretelles, en costume bonne coupe, ou encore en pull en V surmonté d'un béret. On fait comme on aime, après tout, en 1952 pourvu qu'on respecte la consigne !

As a symbol of their unchallenged authority, the tie had to be worn by the ACO officials, but everyone of them had his own way to abide by this rule: with a shirt and suspenders, with an elegant suit, with a pullover with V collar and a beret... Everybody wore it the way they liked!

Après deux années à Courboulay, place aux Quinconces des Jacobins où l'A.C.O. a la bonne idée, face à la balance des vérifications techniques (d'où l'origine du mot « pesage ») d'installer une estrade pour le public. La Mercedes Papillon n° 7 du prince de Metternich fait son petit effet en 1956.

After two years at Courboulay, the technical verification moved to the Quinconces des Jacobins. There the officials had the good idea to settle a stage for the public in front of the weigh-bridge (hence the nickname "Pesage" used in French, whose English equivalent could be "weighing operations"). In 1956, the #7 Mercedes of Prince Metternich made great impression with its "gullwing" doors.

COLLECTION WASHINGTON PHOTO

Gros plan sur la balance d'origine du pesage où l'on voit bien que poids et mesures se maniaient au kilogramme près, comme pour cette Arnott de 1957.

....

This close-up on the operation of the balance and measures on the original weigh-bridge in use for technical verification showed that the weight of this 1957 Arnott was calculated to the closest kilogram!

Sous les ombrages et les portiques du pesage des Jacobins, Marchal fait toute la lumière sur les concurrents de l'édition 1955. Les optiques de cette Salmson n'échappent pas à la règle du bon réglage nocturne exigé par les commissaires du club manceau.

"Let there be light" for the 1955 contenders, with precious support from Marchal under the shade and gates of the Jacobins. The lights of this Salmon did not escape the vigilance of the ACO officials for the set-up required for night driving.

Porsche est sans doute la première marque engagée aux 24 Heures à soigner pareillement son arrivée au « pesage » des Jacobins en 1955. On loue alors l'efficacité allemande et les gendarmes du Mans ne peuvent qu'être admiratifs devant tant d'ordre et d'efficacité.

Porsche probably was the first manufacturer to take such a good care of the coming at the Jacobins in 1955. Everyone – including the Le Mans gendarmes – praised such a demonstration of order and efficiency.

Quatre ans plus tard, en 1959, la Scuderia Ferrari, qui soigne son image de favori aux Jacobins, s'en inspirera. A la grande joie du vendeur du « Maine Libre » (à gauche), le public est venu en masse saluer cet impressionnant débarquement de sept prototypes. Mais ce ne sera pas suffisant pour battre Aston Martin !

Four years later, in 1959, Ferrari took inspiration from Porsche, and also was very careful about preserving its image of race favourite. To the great joy of the seller of the "Le Maine Libre" newspaper (left), a huge crowd welcomed the impressive arrival of the seven prototypes. However they would not be enough to beat Aston Martin!

CHAPITRE 4

Être ou ne pas être conforme ? Telle est la question

Conformity or non-conformity? That is the question

Savante alchimie entre l'esprit et la lettre, l'application technique des règlements édictés par l'Automobile Club de l'Ouest a, de tout temps, donné lieu à de possibles et différentes interprétations. Entre l'ingénieur venu souvent de lointains horizons et le législateur sarthois, ce fut toujours une sorte de jeu du gendarme et du voleur. Sauf que les commissaires du Mans, surtout après le drame des 24 heures 1955, ont toujours mis en exergue la notion de sécurité, ce qui a permis à l'épreuve de grandir et perdurer contre vents et marées.

The implementation of the regulations established by the Automobile Club de l'Ouest are a subtle combination between the way they were written and their numerous possible interpretations, so the engineer from far away always played a "game of thief" with the official from La Sarthe. A fact to be noticed though is that the Le Mans marshals always focused on safety, especially after the 1955 tragedy. Come hell or high water, the 24 Hours of Le Mans could grow up through the years.

De tout temps, les vérifications techniques précédant les 24 Heures ont donné lieu à d'interminables processions des concurrents devant les commissaires de l'A.C.O. Le jeu consiste, comme ici, dans la salle Courboulay, à passer avec sa voiture devant les tables de ces messieurs les « examinateurs ». Les Nash Healey de 1953 n'échapperont pas à cette règle devenue immuable.

....

The technical verification before the 24 Hours always turned to a long procession of contenders before the ACO marshals. As pictured here in the Courboulay hall in 1953, they had to stand with their cars in front of the tables of the "examiners", and the Nash Healeys could not escape this cardinal and unchanged rule.

En règle générale, si la presse était admise à ces vérifications, elle n'était pas pour autant la bienvenue lorsqu'un petit différent technique intervenait entre commissaire et concurrent. Ici, on a la démonstration évidente que ce petit jeu du gendarme et du voleur peut parfois tourner au vinaigre... pour l'observateur neutre.

....

Press was generally admitted at the technical verification, but not always welcome, especially in the case of a technical argument between officials and entrants. This picture demonstrates that the "game of thief" could sometimes turn to bedlam... for the neutral observer.

COLLECTION WASHINGTON PHOTO

Au fil des époques, les postes techniques ont bien entendu évolué et celui-ci, destiné en 1952 à vérifier l'étanchéité du circuit de freinage de la Talbot n° 6, n'a guère résisté à la marche du progrès.

Technical posts changed through time: this one was dedicated to the verification of the tightness of the braking system of the #6 Talbot, and did not resist the march of time and progress.

COLLECTION WASHINGTON PHOTO

De même la vérification des silencieux ne laissera pas de souvenirs impérissables tant les différentes prises de mesures acoustiques s'avéraient aléatoires en fonction de tel ou tel paramètre. Mais en 1949, on ne rigolàit pas avec le règlement et cette Monopole n° 44 n'échappera pas au contrôle.

....

The verification of the silencers would not leave unforgettable memories as well. The various measures could not be as reliable as expected, and depended upon one factor or another, but in 1949, regulations had to be taken very seriously and this #44 Monopole did not escape that control.

L'obligation d'arrêter les moteurs contraignait par contre les propriétaires des prototypes les plus lourds à mettre la main à la pâte. Tout milliardaire qu'il était, Briggs Cunningham n'échappa pas à cette contrainte en 1953.

....

The obligation of shutting the car's engine off required the owners of the heaviest prototypes to "do their part"... so did multimillionaire Briggs Cunnigham!

COLLECTION WASHINGTON PHOTO

Cette scène « acrobatique », prise sur le vif, peut prêter à sourire, mais ce commissaire démontre aussi combien, à l'époque, il fallait savoir allonger une liste des concurrents qui ne cessait de croître au fil des heures. En 1958, par exemple ils furent 58 à se présenter aux Jacobins pour seulement 55 places au départ. Et tous les concurrents se devaient d'avoir obtenu le précieux sésame du collège des commissaires techniques avant de prendre part aux essais.

....

You can smile at the "acrobatic" scene pictured here, but this marshal shows how the list of incoming cars could become longer through the hours. For example in 1958, 58 contenders came to the Jacobins, whereas only 55 would be admitted on the starting grid. All of them had to obtain the precious documents from the technical officials before race practice.

Alors parfois, ces journées de pesage tiraient en longueur et certains officiels n'hésitaient pas à « s'absenter » quelques instants en attendant le passage du prochain concurrent devant leur poste.

....

So sometimes, these days of technical verification lasted longer than they had to, and some officials did not hesitate to "turn off the lights" for a few minutes before another contender was examined.

53

COLLECTION WASHINGTON PHOTO

Au Mans, le rayon de braquage constituait un test craint par les meilleurs car les passages de roues des prototypes ne permettaient aucune fantaisie en ce domaine. Willy Mairesse et sa Ferrari n° 58 ne paraissait toutefois guère inquiet lors du pesage 1958.

....

At Le Mans, the turning circle test was feared by the best contenders, because the wheel arches of the prototypes could not tolerate any oversize. However Willy Mairesse and his #58 Ferrari did not look that worried at the 1958 technical verification.

Le préposé à la balance du pesage devait réellement avoir mal aux genoux à la fin des vérifications techniques... surtout lorsque celles-ci duraient plus des deux jours prévus avec les traditionnels retardataires et autres candidats de dernière minute.

....

The knees of the employee in charge of the weigh-bridge would probably hurt like hell at the end of the technical verification... especially when it lasted more than two days because of late and last-minute entrants.

COLLECTION WASHINGTON PHOTO

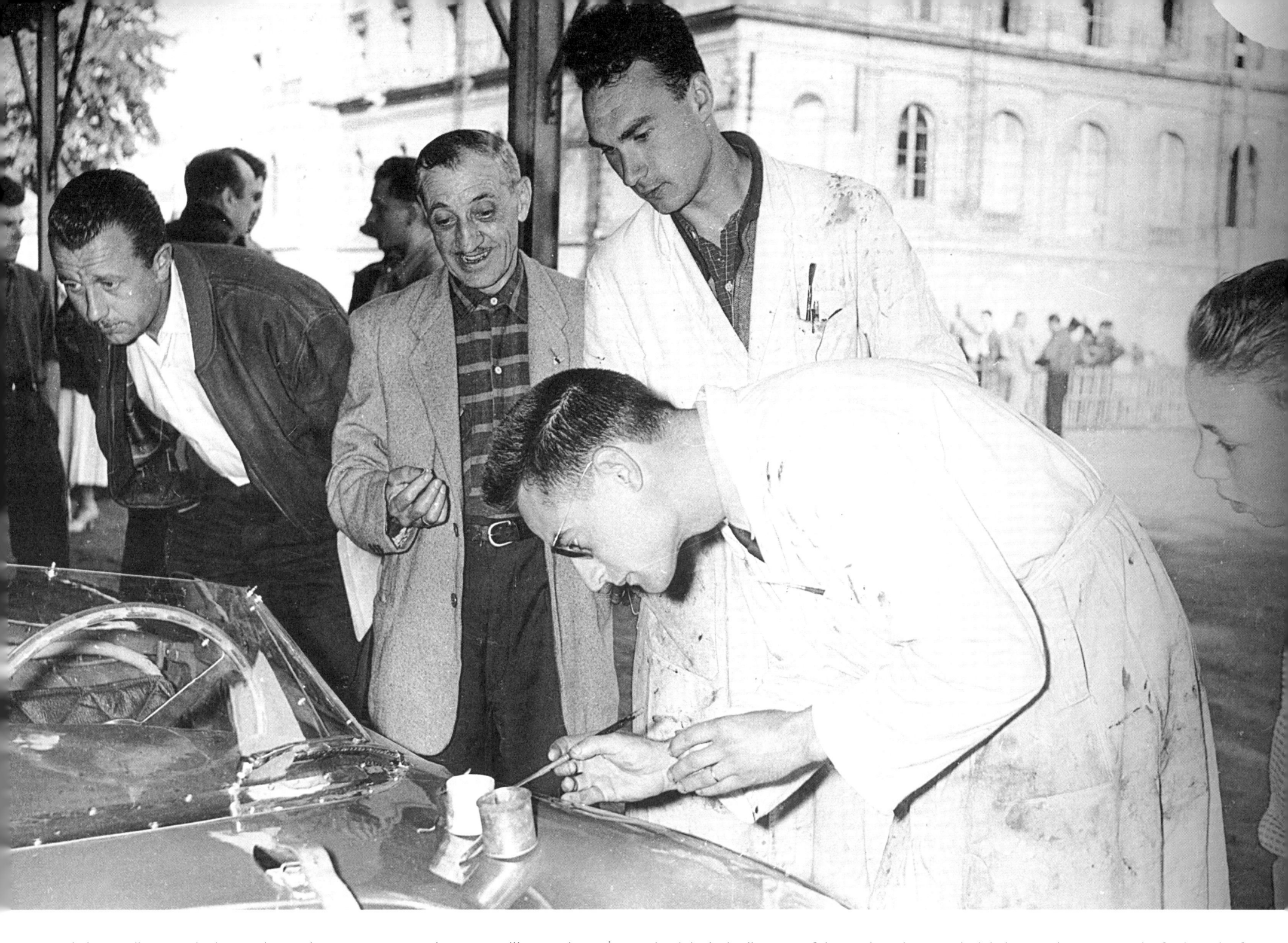

Derrière la haute silhouette du théâtre des Jacobins qui appartient désormais à l'histoire, le dernier mot revenait souvent au peintre en lettres qui inscrivait le nom de l'équipage et sa nationalité sur chacune des voitures retenues.

Behind the high silhouette of the Jacobins theatre, which belongs to history now, the final touch of the technical verification was provided by the calligraphy painter in charge of writing the names and nationality of the driving squad on the selected cars.

COLLECTION WASHINGTON PHOTO

Mais la tâche la plus rude revenait à « l'artiste » qui avait la redoutable mission, en 1949, de peindre les numéros sur l'arrière, l'avant et les deux côtés des voitures. Avec la calandre de la Monopole n° 44, on devine la difficulté de l'entreprise.

But the toughest task was that of the "artist" in charge of painting the race number on the rear, front and lateral sides of the cars. We can guess that it was particularly difficult on the grille of the #44 Monopole in 1949.

CHAPITRE 5

Les enfants du Mans

The children of Le Mans

En décortiquant à la loupe les négatifs de ces dix premières années de l'après-guerre pour en extraire les plus expressifs, il est frappant de constater la présence et le nombre de gamins sur les photos ; notamment lors des vérifications techniques en ville mais aussi, plus étonnant, sur le théâtre même du circuit où, il est vrai, le prix du billet d'accès aux « populaires » était des plus modestes. On rejoint ainsi la notion de fête de famille qui présidait alors à la grande semaine du Mans.

Cet engouement juvénile pour les 24 Heures est-il toujours d'actualité, notamment chez les jeunes Sarthois ? Difficile à dire d'autant que la réponse n'interviendra que dans quelques années, lorsque la génération suivante sera à son tour en âge d'assister à la course.

When watching the negatives of the decade of the post-war period to select the most expressive ones, a striking thing is the presence in large numbers of kids on the pictures. They can be seen during the technical verification in the city but also on the circuit. This could be more surprising, but at that time the entrance fee was very low for the lower and middle class people. This emphasizes the fact that the great week of the 24 Hours was a great family party at that time. Does such a craze still exist nowadays, especially from the youngsters from La Sarthe? This question is difficult because it will only be answered in a few years, when the next generation will have the age to attend the race.

Dans la vieille salle de la rue Paul Courboulay qui servait jadis de gare centrale des Tramways, le public du pesage 1953 n'attend pas le nombre des années. En barboteuse, sans doute le plus jeune fan du champion du monde, Alberto Ascari (mains jointes) recruté par Ferrari.

In the old venue of the Rue Paul Courboulay, previously known as the central station of the tram-lines, the public of the 1953 Pesage is younger than imagined. With his playsuit, this probably is the youngest fan of Alberto Ascari (joining hands) recruited by Ferrari.

COLLECTION WASHINGTON PHOTO

L'élégant Pierre Levegh (à gauche) et sa belle Talbot n° 8 (pesage 1952) fascinaient déjà autant les filles que les garçons de l'époque devant l'ancienne gare des Tramways, le long de la Sarthe.

The elegant Pierre Levegh (left) and his beautiful #8 Talbot (from the 1952 technical verification) fascinated the young boys and girls of the time in the former tram-line station alongside the La Sarthe river.

Déjà les « petites Anglaises », comme cette Austin Healey n° 34 (pesage 1953), attiraient les regards de nos fans en culottes courtes... et en bérets. La « French touch » d'alors !

The "little cars from England" like this #34 Austin Healey (from the 1953 technical verification) attracted the eyes of race fans in short trousers and berets... The perfect French touch of the time!

A en juger par les regards narquois des gamins du cru, la famille Hay, réunie autour de la très belle et très rare Bentley Corniche carrossée par Paulin (1951), inspire plus la moquerie que l'admiration. Cet âge est sans pitié dit-on.

Considering the cunning eyes of the local kids, the Hay family gathered around this very beautiful and rare Paulin-bodied Bentley Corniche (1951) raises more irony than admiration. As they say, kids are merciless...

60

COLLECTION WASHINGTON PHOTO

Les manœuvres de déchargement des engagés des 24 Heures 1953 (ici l'Alfa Roméo n° 21) ne sauraient échapper à la cohorte des garagistes manceaux en herbe.

....

The unloading procedures of the entrants of the 1953 24 Hours (here the #21 Alfa Romeo) could not escape the eyes of the bunch of the "future garage owners from Le Mans".

Sans le savoir, ce jeune garçon a fait le bon choix avec la DB n° 40 qui s'imposera à l'indice de performance en cette année 1956 pour la plus grand joie du patron, René Bonnet (à gauche).

....

This young boy had a good sense of anticipation by picking up the #40 DB: he did not know that this car would win the Performance Index classification in 1956, to the great joy of its owner René Bonnet (left).

COLLECTION WASHINGTON PHOTO

Difficile d'échapper à la vigilance de maman, et pourtant ce n'est pas l'envie qui manque à ce bambin qui n'a d'yeux que pour la magnifique DB HBR n° 45 de 1956.

This kid is fascinated by the #45 DB HBR (1956), and would do his best to escape his mom's watching!

Pour approcher au plus près les voitures des 24 Heures 1956, la bonne combine était de porter l'uniforme des scouts de France. Rosier (à gauche) suit d'un œil serein la pesée de sa Talbot n° 17.

A good trick to see the cars of the 1956 24 Hours to the closest was to wear the uniform of the French Scouts. Rosier (left) is quietly watching the technical verification of his #17 Talbot.

La ligne fluide de l'Aston Martin DB3 S n° 25 laisse pantois petits et grands en 1955, à moins que ce ne soit le son mélodieux de son six cylindres en arrivant sur les lieux. Les belles Anglaises rejoignaient en effet Le Mans par la route, depuis La Chartre-sur-le-Loir où elles résidaient dans les garages de l'hôtel de France.

Children and grown-ups are stunned by the flowing lines of the #25 Aston Martin DB3 S (1955), or maybe also by the melody of its 6-cylinder engine when passing by. The beauties from England actually came to Le Mans through open roads, driving from the garages of the Hotel de France, located in La Chartre sur le Loir.

Même débutant en 1957, José Behra n'échappera pas à la meute des petits collectionneurs d'autographes toujours à l'affût. A moins que ce ne soit maman qui ait guidé ce choix...

A rookie of the 24 Hours in 1957, José Behra could not escape the bunch of young autograph collectors... sent by their mothers?

Les carnets d'autographes sont prêts devant et derrière la belle Ferrari n° 14 (1959), mais pour l'instant Olivier Gendebien et Phill Hill sont très occupés à découvrir les derniers aménagements de leur 250 TR. Les choses sérieuses d'abord !

Autograph booklets are ready before and behind the beautiful #14 Ferrari (1959), but for the moment its drivers Olivier Gendebien and Phil Hill are busy with the new devices featured on their 250 TR. Drivers' first concern is racing matters!

COLLECTION WASHINGTON PHOTO

Comment voulez-vous ne pas avoir la vocation quand on vous laisse ainsi vérifier le poids d'une des Jaguar type D favorite de l'édition 1956 ?

It's so easy to get the motor racing virus and vocation when they let you check the weight of the D-Type Jaguar, the favourite of the 1956 24 Hours!

Pour les jeunes fans des 24 Heures, la création du Critérium du Jeune Pilote en 1958 constituera un vrai cadeau de Noël. Une sacrée belle trouvaille de l'A.C.O. qui s'est perpétuée au fil du temps !

For the young fans of the 24 Hours, the Criterium du Jeune Pilote (a race only entered by youngsters) was a real Christmas gift! Initiated in 1958, this great idea by the ACO would last through time!

CHAPITRE 6

Garages et hébergements

Garages and accommodations

L'une des raisons du succès populaire des 24 Heures auprès du public local a sans doute tenu, à ce moment-là de l'histoire de la course, dans la proximité qui s'établissait entre les concurrents et les Sarthois. Il n'était pas une écurie qui ne prenait pension dans l'un des nombreux établissements, fussent-ils modestes, que comptait alors le département.

Se nouait ainsi, au fil des ans, une sorte de complicité entre les habitants de la commune et ces hommes qui, chaque soir après le pesage, puis lors des essais, regagnaient par la route leur lieu d'hébergement.

Le meilleur exemple qui soit de ce maillage étroit nous est fourni par l'extraordinaire fidélité qui a lié, par exemple, l'écurie Porsche au village de Teloché (garage et restaurant) pendant de très longues années.

L'hébergement chez l'habitant perdure encore, mais pour ce qui est du matériel et des voitures, ces images témoins semblent sortir d'un autre âge.

One of the reasons for the popular success of the 24 Hours in La Sarthe probably was the close relationship between the contenders and the local people, which developed in this particular moment in the history of the race. With no exception, the teams enjoyed the numerous accommodation facilities offered by Le Mans and its area, even in the most modest places.

This established a very special connection between the city and village dwellers and the crews that drove back to their accommodation after technical verification and practice sessions. One of most extraordinary examples for this unique networking is offered by Porsche: the German brand remained faithful to the garages and restaurants of the village of Teloché for quite a while. The long tradition of accommodation provided by the inhabitants is still acting today, but for cars and equipment, the pictures featured in the following pages definitely come from the past.

Venue de Poissy pour disputer les 24 Heures 1949, la petite écurie Monopole dirigée par Jean de Montrémy et Jean Hémard a trouvé refuge à Brette-les-Pins. Photo de famille pour le tandem parisien avec le patron de l'hôtel des Croissants, Louis Rebrassé.

The small Monopole team came from Poissy to compete in the 1949 24 Hours, and settled in Brette les Pins. This "family" snapshot features Jean de Montrémy and Jean Hémard, the heads of the team, and Louis Rebrassé, the owner of the Hôtel des Croissants.

En 1950, Briggs Cunningham sera très heureux de pouvoir compter sur les services du carrossier manceau Guillon. Son « monstre » ayant heurté par l'avant une carriole du côté de Maison Blanche une semaine avant la course, l'artisan de la rue Sagebien démontra un tel savoir-faire doublé d'une parfaite amabilité que l'Américain revint chaque année installer son camp de base dans les ateliers Guillon derrière la gare.

In 1950, Briggs Cunningham was happy to rely upon the talents of the Guillon bodywork garage in Le Mans. The front of his "Monster" was damaged further to a collision with a cart at Maison Blanche one week before the race. The bodywork specialist based in the Rue Sagebien demonstrated great expertise and courtesy, so Cunningham established his Le Mans headquarters every year in Guillon's workshop located behind the railway station.

COLLECTION WASHINGTON PHOTO

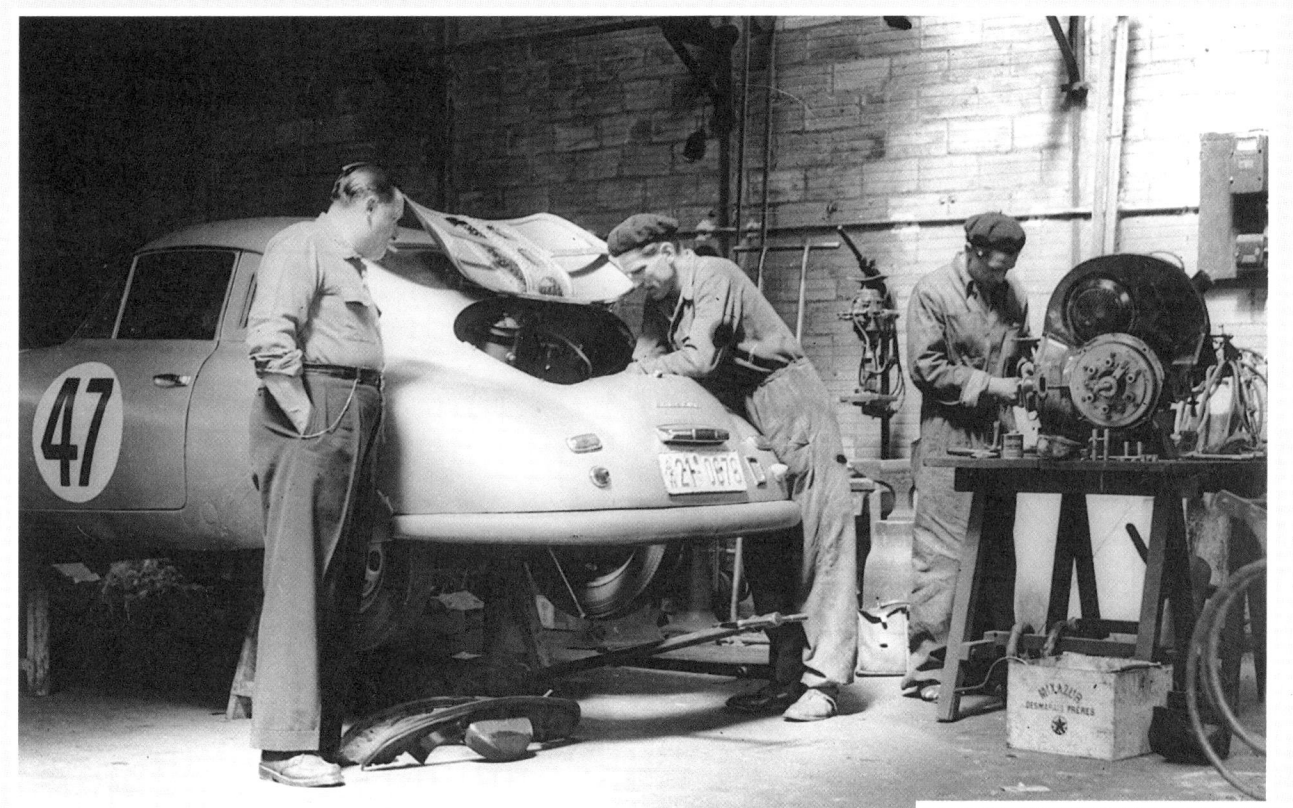

Un an plus tard, du côté de Teloché cette fois, voilà l'usine Porsche qui s'installe dans les locaux du garage tenu par la famille Després. Là encore le début d'une longue fidélité entre la marque allemande et ce petit village au sud du circuit.

One year later, the Porsche factory team settled in Teloché, in the garage owned by the Després family. This marked the beginning of a long story between the German manufacturer and this small village on the south side of the circuit.

Arrivant au Mans par la route, Briggs Cunningham (au volant de sa propre voiture) ne manquait jamais d'aller d'abord saluer les responsables de l'A.C.O. dans leur bureau de la place de la République, juste à côté de la brasserie Grüber. Les retrouvailles entre le président Jamin (nœud papillon et chapeau) et le milliardaire américain provoquaient vite un bel attroupement comme ici, en 1951.

Briggs Cunningham used to drive to Le Mans at the wheel of his own car, and always paid his first visit to the managing staff of the ACO in their offices on the Place de la République, right beside the Grüber café. The regular annual meeting between ACO President Jamin (with bow-tie and hat) and the American multimillionaire always created crowd gathering, as pictured here in 1951.

COLLECTION WASHINGTON PHOTO

De nouveau fidèle à Brette-les-Pins en 1950, la petite écurie Monopole a changé de motorisation, abandonnant le bloc Simca contre le bi-cylindre à plat Panhard. Bien lui en a pris puisque de Montrémy-Hémard (n° 52) s'imposaient à l'indice de performance.

Monopole settled once again in Brette les Pins in 1950. That year the small team from France switched from a Simca to a Panhard flat-twin engine. This decision proved relevant, with Montrémy and Hémard (#52) winning the Performance Index classification.

Luigi Chinetti (en bretelles) a lui aussi ses habitudes quand il vient au Mans puisque c'est le garage Lebeugle, route de Sablé, qui lui offre l'hospitalité. En 1952, Jean Lucas (bras sur les hanches) vient en proche voisin pour retrouver sa belle Ferrari n° 12, ses parents tenant commerce rue Nationale.

Luigi Chinetti (with suspenders) also had his regular headquarters during the Le Mans week in the Lebeugle garage, on the road to Sablé. In 1952 Jean Lucas (with hands on his hips) pays a neighbour's visit to his beautiful #12 Ferrari, coming from his parents' store located Rue Nationale.

COLLECTION WASHINGTON PHOTO

Au sein de l'équipe Renault, venue en force en cette année 1952, on s'active ferme sur le moteur de la 4 CV dévolue au tandem Lecat-Senfftleben (n° 55). La scène se passe au Château de Chardonneux, près de Saint-Biez-en-Belin, habituel centre de vacances pour les enfants du personnel de la Régie.

....

In 1952, the Renault team was numerous. This picture shows great activity on the engine of the 4 CV driven by Lecat and Senfftleben (#55), and was taken at the castle of Chardonneux, the vacation centre welcoming the kids of Renault workers.

Ouvertes aux curieux, les « arrière-cuisines » de Jaguar démontrent que, dès 1952, l'écurie de Coventry avait déjà recours, au Mans, à un mulet (n° 19C)... et multipliait les tests en matériel d'appoint.

....

The "backstage" section of the Jaguar team was open to the public, and showed that the team from Coventry used a T-car (#19C) at Le Mans as early as 1952, undertaking many tests with support equipment.

COLLECTION WASHINGTON PHOTO

Mercedes ne pouvait que rendre la pareille aux Britanniques en présentant aussi un modèle expérimental et deux mulets au pesage de 1952, en sus des trois 300 SL engagées. Du coup, à l'auberge du Faisan Doré de Champagné qui servait de camp de base à l'écurie allemande, les curieux ne manquaient pas de suivre les allées et venues des voitures.

Mercedes worked in the same way at the 1952 technical verification, with the addition of a test model and a pair of T-cars to the three 300 SLs entered. Many people watched the cars going back and forth at the Auberge du Faisan Doré in Champagné, the "base camp" of the German team.

COLLECTION WASHINGTON PHOTO

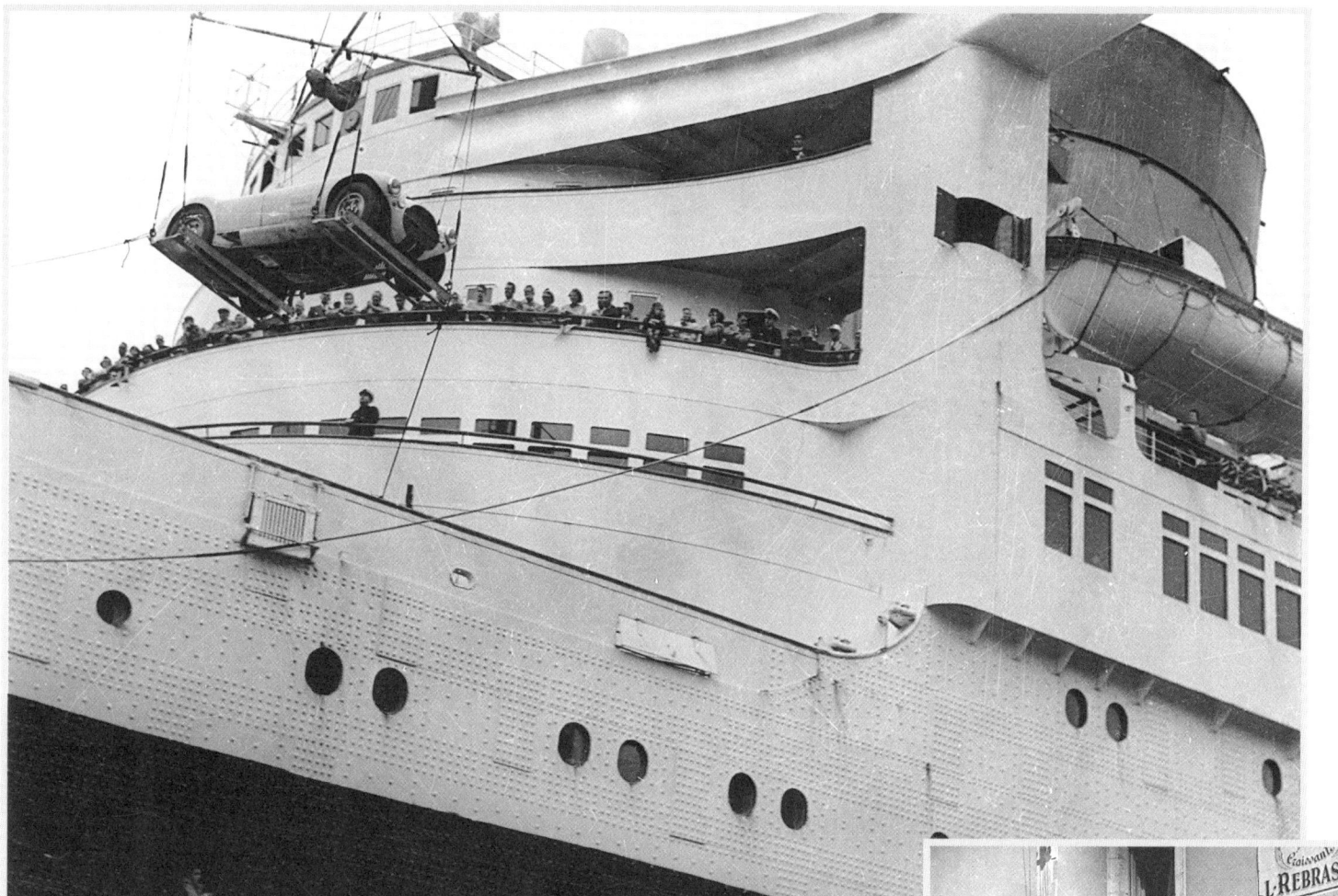

On ne peut oublier qu'à cette époque, c'est par la mer que les Américains gagnaient le Vieux Continent pour venir disputer les 24 Heures. Ce qui ajoutait encore un certain parfum d'épopée à l'obstination dont faisait preuve Briggs Cunningham chaque année depuis 1950. Pour rien au monde, les journalistes et photographes n'auraient manqué le débarquement des voitures made in U.S.A. au Havre comme ici en 1954. D'autant qu'ensuite la « caravane US » gagnait la Sarthe par la route nationale, le propriétaire en chef de file comme il se doit.

....

A fact not to be forgotten at this time was that the contenders from America joined the Old Continent by sea to compete in the 24 Hours. This long boat trip added the feeling of a real epic to the obstinate commitment of Briggs Cunningham since 1950. Journalists and photographers would have never missed the unloading of the American cars in the Le Havre harbour, as pictured here in 1954, as well as the image of this "cortege" driving to La Sarthe through the national road, under the leadership of the team owner.

Il faut croire que la table de l'hôtel restaurant des Croissants était de qualité puisqu'en 1955, on retrouve à nouveau l'écurie Monopole à Brette-les-Pins pour la photo de famille. Les supporters du cru sont de plus en plus nombreux. Fidélité récompensée !

....

The catering of the Hôtel Restaurant des Croissants probably was of great quality: in 1955, the Monopole team was back in Brette les Pins once again for another "family snapshot". The number of local fans increased through the years, as a deserved reward for the team's faithfulness!

COLLECTION WASHINGTON PHOTO

CHAPITRE 7

Heurts et malheurs en tout genre

Trouble, glitches and other calamities

Au Mans comme ailleurs, et qui plus est sur la durée de 24 heures de course, les ennuis font partie de l'ordinaire de la course, surtout sur un tracé au tour de quelque 13,4 km.
Mais ce qui est le plus étonnant dans ces incidents qui jalonnent l'histoire renaissante du circuit sarthois, c'est la manière dont ils donnent lieu, ici et là, à des interventions ou des réactions qui prêtent à sourire de nos jours. On peut alors parler du sens de l'improvisation des équipes, du « système D » qui faisait office de règle d'or ou tout simplement de l'aspect cocasse des situations... souvent prises avec le sourire quand ce n'était pas trop grave.

At Le Mans like in any other event, trouble is part of the race, especially during 24 hours on a 13-kilometre circuit. The most surprising thing in the incidents occurring in the 1949-1959 period is that they generate strange situations, operations and reactions. In the following pictures you can notice the teams' sense of improvisation, the funny aspect of these glitches, and the "do-it-yourself" cardinal rule. Everyone used to smile at such calamities when they were not too serious.

Pour se faire une idée exacte de l'état du revêtement du circuit, le dimanche en fin de course, il suffit d'examiner la poussière et la gravelle que soulevait la Bentley n° 6 dans son sillage à quelques tours de l'arrivée des 24 Heures 1949.
Gare au dérapage à la sortie du « S » du Tertre Rouge... surtout hors trajectoire !

....

To have a good idea of the circuit's surface when racing on Sunday, just take a look at the dust and gravel in the wake of the #6 Bentley a few laps before the end of the 1949 24 Hours. No skidding allowed, especially when you're out of line!

Certes la belle petite Monopole n° 60 est un peu « froissée » de l'avant, mais le sourire est de rigueur à l'arrivée des 24 Heures 1951. On ne gagne pas en effet tous les jours le classement à l'indice de performance ; n'est-ce pas MM. Hémard et de Montrémy ?

....

The front of the beautiful tiny #60 Monopole is a bit twisted, but everyone in the team could smile on the finish line of the 1951 24 Hours. This was a day like no other for Hémard and de Montrémy. Winning the Performance Index classification looked like the victory of a lifetime!

COLLECTION WASHINGTON PHOTO

Contrairement à l'édition 1951, l'essaim vrombissant des 4 CV de la Régie Renault se trouva mis en échec l'année suivante. La n° 53 de Lesur-Briat fut l'une des premières à rendre l'âme du côté de Mulsanne... malgré la venue d'un photographe compatissant.

....

Contrary to 1951, the buzzing squad of 4 CV Renaults was defeated the following year. The #53 driven by Lesur and Briat was one of the first to retire at Mulsanne, despite the presence of a compassionate photographer.

Une image qui pourrait symboliser la lutte pour la bonne trajectoire au Mans entre les grosses cylindrées... et les autres. Ici à l'abord du Tertre Rouge, l'Aston Martin n° 27 choisit le dépassement par la gauche plutôt que de « bousculer » une petite barquette.

....

This image can symbolise the battle for the right line between the cars of high displacement and the others. When entering the Tertre Rouge, the #27 Aston Martin chooses to overtake a small spider by the left side rather than to push it out of the way.

COLLECTION WASHINGTON PHOTO

A Mulsanne, la maréchaussée veille sur le bon déroulement de la course et remet dans le droit chemin le petit coupé D.B n° 63... qui s'était égaré au freinage. Demi-tour, M. Louis Cornet !

....

At Mulsanne, the police force makes sure everything "goes right" in race, and puts this tiny #63 DB coupe back on the right path after it got a little lost after braking. So Mr. Louis Cornet makes the right u-turn!

L'édition 1955 des 24 Heures commençait bien mal pour cette Arnott n° 45. Dans la soirée de jeudi, son pilote perdait le contrôle de la voiture au bout de la ligne droite des stands, et après trois tête-à-queue, percutait violemment les fascines du début de la courbe Dunlop.
Plus de peur que de mal pour Peter Taylor, mais pour l'Arnott qui débutait au Mans, l'histoire s'arrêtait là.

....

A bad race start for this #45 Arnott at the 1955 24 Hours: on Thursday evening, its driver lost control of the car at the end of the pit straight and crashed into the fascines in the first metres of the Dunlop curve after three spins. Peter Taylor was unhurt, but this was the end of the race for the Arnott, which was making its Le Mans debut.

COLLECTION WASHINGTON PHOTO

Dans le premier « S » du Tertre Rouge, il ne fallait surtout pas surestimer sa vitesse... comme ce pilote de la Moretti n° 48 qui se retrouve dans le mauvais sens en 1956.

In the first S-turn of the Tertre Rouge, you wouldn't have to overrate your speed... So did the driver of the #48 Moretti, who finished in the wrong way in 1956.

COLLECTION WASHINGTON PHOTO

Encore une victime de la courbe qui débutait sous la passerelle Dunlop... et de la piste mouillée en 1956. Cette fois, c'est Peter Walker (Aston Martin DB3 n° 9) qui se fait piéger pour finir dans un triste état.

Another victim of the Dunlop curve and also of the wet track in 1956: Peter Walker (#9 Aston Martin DB3) got trapped and finished at the bottom of the slope with his car in bad condition.

Qui ne s'est pas fait piéger au virage d'Arnage en voulant freiner trop tard ou comme ici, en accélérant trop tôt ? L'Aston Martin DB3 S n° 21 n'échappe pas à la règle ce qui n'empêchera pas Colas-Kerguen de finir en bon rang (11e) et même de remporter la victoire de classe en catégorie 2 à 3 litres.

Who did not get trapped in the Arnage corner with late braking or (like pictured here) early throttle? The #21 Aston Martin DB3 S did not escape it, but Colas and Kerguen took a good position, finishing 11th overall and winning the 2-to-3-litre class.

COLLECTION WASHINGTON PHOTO

Premier avatar pour la M.G n° 33 dès les essais ! Mais en course (24 Heures 1959), ce ne sera pas mieux pour le tandem Lund-Escott qui devra abandonner à la 21ᵉ heure sur bris de boîte de vitesses.

The #33 MG experienced its first glitch in practice! Things did not go better in race for Lund and Escott, who retired after 21 hours due to a gearbox failure.

Preuve s'il en était de l'abandon de la petite M.G. le dimanche après-midi ! Le soutien de quelques spectateurs, sortis de la pinède, ne changera rien au triste sort de l'équipage britannique.

Another evidence of the DNF of the tiny MG on Sunday afternoon! The support from some spectators coming out of the pinewood forest could not prevent the sad race ending of the two British drivers.

COLLECTION WASHINGTON PHOTO

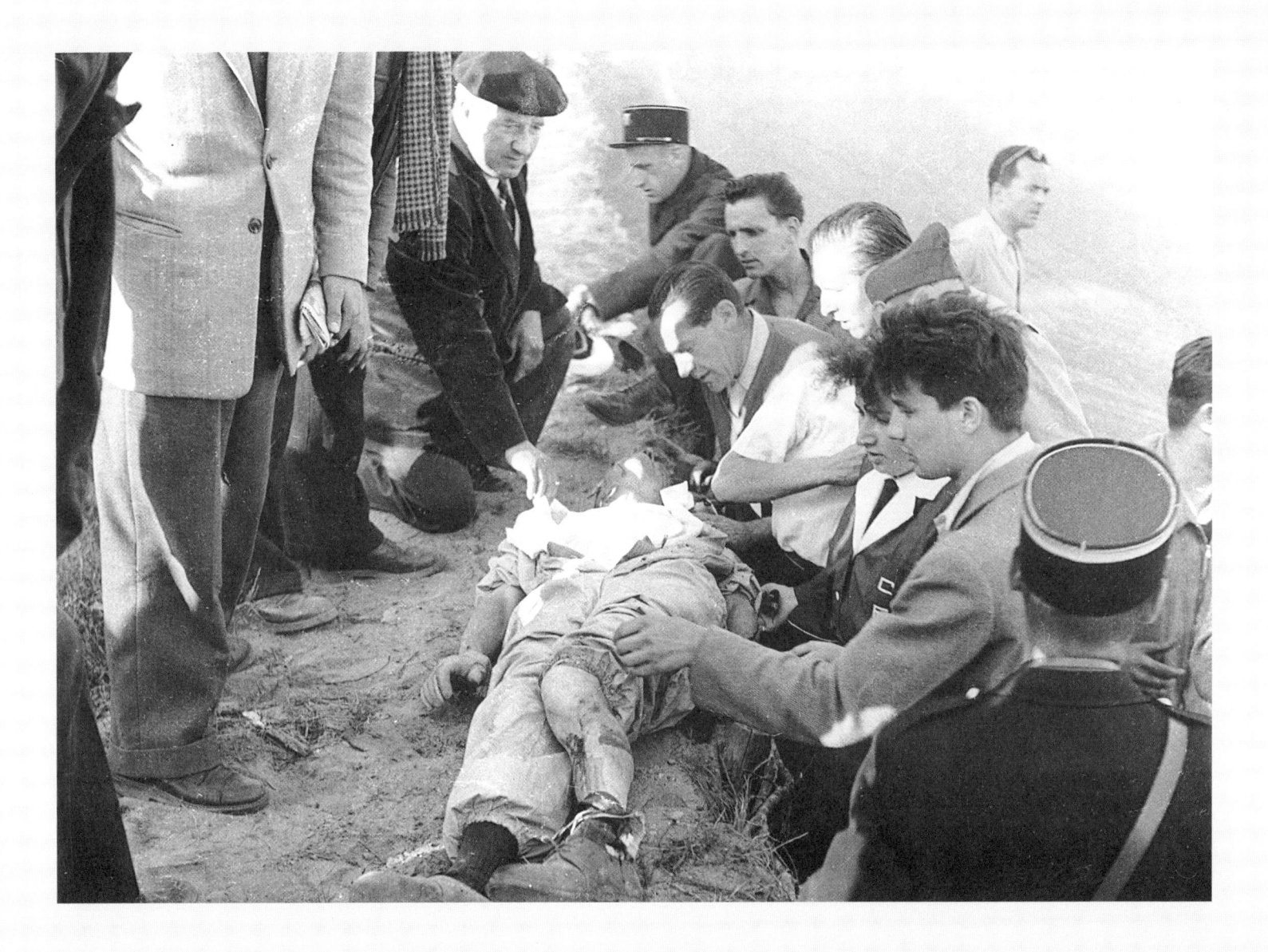

En 1953, on était beaucoup moins soucieux de la notion d'efficacité en matière d'intervention lors des accidents. Allongé sur les fascines, ce pilote prend son mal en patience.

In 1953, the efficiency of operations after race accidents did not seem a matter of concern... This driver waits as patiently as he can for rescue, lying on the fascines.

On ne résiste pas au plaisir de vous montrer avec quelle détermination les pilotes des principales écuries « traçaient leur route » sans trop s'occuper des plus humbles. La preuve avec l'Aston Martin n° 3 (Brooks-Trintignant en 1958) qui tasse sans vergogne la Stanguellini n° 52 au sortir du premier « S » du Tertre Rouge.

We could not resist showing you how the drivers of the top teams "made their way" with no great care of smaller cars, as pictured here in 1958, with the #3 Aston Martin of Brooks and Trintignant "pushing" the #52 Stanguellini out of the way when exiting the first S-turn of the Tertre Rouge.

COLLECTION WASHINGTON PHOTO

CHAPITRE 8

Transporteurs à tout va

Some kinds of transporters

C'est peu dire que la vie des écuries de course a bien changé quand on jette un regard sur les moyens de transport qu'utilisaient les marques, y compris les plus grandes, pour venir sur les circuits.

Au Mans, l'arrivée des camions transporteurs provoquait toujours des mouvements de foule car ces attelages sortaient vraiment de l'ordinaire. Les enfants, surtout, adoraient assister au déchargement des voitures de course depuis les entrailles des semi-remorques. Cela correspondait à leur imaginaire qui voulait que tout ce qui se passait autour des 24 Heures était forcément de nature exceptionnelle.

The least we can say is that the everyday life of racing teams experienced big changes when you look at the transportation devices used by the manufacturers (including the greatest) to join the circuits.

At Le Mans, the incoming transporters always attracted the crowd, because some of them really looked extraordinary. The unloading of the racing cars was very appreciated by children, who could see them coming out of the "belly" of the trailer trucks. This perfectly matched the imagination of the kids: every activity related to the 24 Hours was bound to be bigger than life.

Ce transporteur FIAT 642, en provenance de Modène, livrait, sur tous les circuits, les Testa Rossa de la Scuderia Ferrari grâce à un double pont. La carrosserie était signée Bartoletti et c'est lui qui amena au Mans, en 1958, la TR 250 n° 14 victorieuse de Gendebien-Hill.

....

This double-deck FIAT 642 truck coming from Modena used to deliver the Scuderia Ferrari's Testa Rossas on the circuits all over the world. The bodywork was designed by Bartoletti, and this truck carried the #14 TR 250 of Gendebien-Hill, the winning car of the 1958 24 Hours.

Chez Mercedes, à partir de 1954, on mit l'accent sur un moyen de transport à la hauteur de la réputation des invincibles « Flèches d'argent ». Au Mans, un an plus tard, le « Mercedes-Benz Reinnabtellung » à moteur 300 SL provoqua l'attroupement derrière le théâtre en livrant au pesage cette n° 20 que Pierre Levegh s'était vu attribuer par A. Neubauer.

....

As from 1954, the transportation device used by Mercedes had to match the image and reputation of the invincible "Silver Arrows". One year later at Le Mans, the 300 SL-powered "Mercedes Benz Rennabteilung" gathered a huge crowd behind the theatre at the 1955 technical verification, when it delivered the #20 Alfred Neubauer attributed to Pierre Levegh.

COLLECTION WASHINGTON PHOTO

Ce camion transporteur imaginé par l'ingénieur allemand Hagel, sur une demande de Alfred Neubauer, allait s'illustrer de triste manière en contribuant au rapatriement (pour le moins urgent) vers Stuttgart des SLR n° 19 et 21 des 24 Heures 55 dès deux heures du matin. Comme l'on sait, celle de Levegh (n° 20) avait explosé sur les fascines à 18h28, provoquant la mort du pilote français et de 78 spectateurs.

This transporter designed by German engineer Hagel upon request from Neubauer sadly contributed to the history of the 1955 24 Hours a few days later when it left the circuit with the #19 and 21 SLRs at 2 AM on Sunday. As everyone knows, Levegh's car exploded on the fascines at 6.28 PM on Saturday. The French driver and 78 other spectators were killed.

COLLECTION WASHINGTON PHOTO

Ainsi peut-on mesurer le chemin parcouru par le service compétition de Mercedes en découvrant l'arrière-cour de l'hôtel du Faisan Doré, à Champagné, en 1952. La 300 SL n° 20 vient tout juste d'être débarquée du vénérable camion Mercedes qui date, lui, de l'avant-guerre.

You could measure the evolution of Mercedes' racing department at the sight of this picture taken in the backyard of the Hôtel du Faisan Doré in Champagné in 1952. The 300 SL has just been unloaded from the pre-World War II Mercedes truck in use at that time.

Que dire alors de la livraison « à la main » du matériel destiné à Briggs Cunningham, au Mans, en 1952 ? Tout milliardaire qu'il est, le souriant Américain ne laisse à personne le soin de surveiller l'arrivée des cantines dont on notera qu'elles sont toutes numérotées. Le sens de l'organisation chez Cunningham !

What could be said about the "hand delivery" to Briggs Cunningham pictured in 1952? The American multimillionaire watched himself the arrival of the trunks. You can notice the team's sense of organisation with the number featured on each trunk!

On peut facilement imaginer la curiosité qui s'empara des curieux quand le camion du service course Alfa Roméo vint se ranger le long des quais de la Sarthe, en vue du pesage de juin 1953. Lui aussi était aménagé par Bartoletti, le carrossier de Forli, près de Modène, mais était propulsé par un moteur Alfa Roméo.

You can easily imagine the curiosity of the crowd when the truck of Alfa Romeo's racing department parked on the shoreline of the Sarthe river for the 1953 technical verification. It was another design by Bartoletti, whose bodywork facility was located in Forli near Modena. This truck was powered by an Alfa Romeo engine.

COLLECTION WASHINGTON PHOTO

Pour la dernière fois, en 1955, Louis Rosier revient au Mans avec sa légendaire Talbot T26 GS (châssis 110 055), celle-là même avec laquelle il réalisa son cavalier seul aux 24 Heures 1950. Si la voiture a bien changé par rapport à la monoplace des Grand Prix de l'époque, le camion atelier de l'écurie Talbot Lago a lui aussi rajeuni avec un châssis d'autocar d'origine Renault. La fin de l'histoire est proche puisque, moteur cassé dès les essais, Rosier suivra la course en spectateur. Témoin direct de l'accident et du « miracle » qui permit à son ami Fangio d'échapper au pire, le Clermontois n'éprouvera aucun regret après coup.

In 1955, Louis Rosier came to the 24 Hours for the last time with his legendary Talbot T26 (chassis #110 055), the one he drove to an undisputed Le Mans victory in 1950. The car had changed very much compared to the Grand Prix single seater also seen at that time. The Talbot Lago team truck was also rejuvenated, using a bus chassis by Renault. The history was close to an end: Rosier could not compete in the race after his engine broke in practice. He was a direct witness of the "miracle" that enabled his friend Fangio to escape the accident, so he had no regret about his withdrawal.

A la descente du long semi-remorque rouge, vite baptisé « le train » par le quotidien sarthois « Le Maine Libre », les gamins se bousculaient pour voir de près les trois CM 3000 dont celle (n° 22) dévolue au tandem argentin Fangio-Marimon.

Kids were packing to see the unload of three CM 3000s from the long red trailer truck, nicknamed "the train" by the writers of the "Le Maine Libre" daily newspaper. The #22 car was driven by Juan Manuel Fangio and Onofre Marimon, two great talents from Argentina.

COLLECTION WASHINGTON PHOTO

C'est certainement dans la vaste pinède qui entourait les « S » du Tertre Rouge que la vie nocturne pendant la course s'avérait être la plus intense. A preuve, ce camion « Pernod Fils » qui tient bar ouvert sous les ombrages, non loin de la « buvette brasserie » que les patrons de l'hôtel de Rennes (près de la gare) ont eu la bonne idée de « décentraliser » pour toute la semaine des 24 Heures 1956.

....

The vast pinewood forest surrounding the Tertre Rouge turns probably was the most animated place during night racing, as confirmed by this picture of the "Pernod Fils" truck with its bar under the shade, near the refreshment stall opened by the managing staff of the Hôtel de Rennes (located near the railway station) during the whole race week in 1956.

L'écurie d'André Dubonnet fait partie de l'histoire de la course automobile tout comme le camion Panhard qui véhicula nombre de voitures de course. Mais les Talbot rachetées en 1957 par le richissime propriétaire, même carrossées à Modène et motorisées par Maserati, n'étaient pas une bonne affaire. Une seule prit le départ... mais la n° 23 ne dépassa pas le cap de la première heure.

....

André Dubonnet's team is part of the history of motoring with the Panhard truck which brought many racing cars. But the Talbot chassis purchased in 1957 by this rich team owner were no good business, even with bodywork from Modena and Maserati engines. Only one car could compete, but #23 retired after only one hour of race.

91

COLLECTION WASHINGTON PHOTO

Quand la petite DB n° 47 passe à la pompe du camion-citerne Esso, c'est l'image symbolique des ambitions que Charles Deutsch et René Bonnet nourrissent à l'indice de performance pour leurs jolies barquettes. Le verdict des 24 Heures 1959 leur donnera raison avec la victoire de Cornet-Cotton.

....

The image of the little #47 DB refuelling at the Esso tank truck is the perfect symbol of the ambition of Charles Deutsch and René Bonnet for Performance Index. At the wheel of the beautiful tiny car, Cornet and Cotton won this classification in 1959.

Enfin, on ne résiste pas à aller dénicher, derrière le paddock des 24 Heures 1958, la présentation impeccable de la gamme des tracteurs Mc Cormick orchestrée par ce superbe « tube » Citroën.

....

A picture from behind the paddock of the 1958 24 Hours is putting an end to this chapter: we could not resist including the perfect presentation of the whole range of McCormick tractors under the guidance of the "Tub", the legendary van by Citroen.

CHAPITRE 9

Personnages en tout genre

Snapshots for various curious characters

Depuis toujours, le circuit du Mans a réuni la même semaine une foule de personnages d'origine les plus diverses mais qui attiraient forcément les regards en raison de leurs comportements ou de leurs manières d'évoluer. Les photographes de Lafay n'ont pas échappé à cette curiosité qui nous saisit toujours à la vue de l'étrange ou du saugrenu, et c'est tant mieux puisque grâce à leurs regards, nous nous retrouvons face à de véritables mises en scène d'antan.

Since the beginning of the great history of the 24 Hours, the race week has always gathered many characters of various (and sometimes unexpected) origin, who immediately attracted the attention with their manners and behaviour. The Lafay photographers could not escape this curiosity which always surprises us at the sight of strange and weird pictures. Thanks to their lenses, we can enjoy today these images from the past!

A l'entrée du pesage, caserne Cavaignac, Tony Rolt (à droite) et Duncan Hamilton sont à peine arrivés par la route au volant de leur Healey n° 14 que le photographe se précipite. Rapide le confrère, en 1950, qui n'a même pas laissé le temps aux Anglais d'enlever leur serre-tête en cuir.

At the entrance of the technical verification in the Cavaignac military station, a photographer immediately shoots the arrival of Tony Rolt (right) and Duncan Hamilton after their road drive at the wheel of their #14 Healey in 1950. A fast move, since the two Brits did not even have the time to take off their leather skullcaps!

Qui se ressemble s'assemble ! Lors du pesage de 1951, Géo Lefèvre (à gauche), le journaliste qui avait soutenu la candidature de la Sarthe lors de l'attribution du Grand Prix de l'ACF en 1906, et Jacques Finance, alors vice-président de l'A.C.O., ne cachent pas une même passion pour la pipe.

Two gentlemen with a pipe for the racing history of Le Mans at the 1951 technical verification: Géo Lefevre (left), the journalist who supported the application of La Sarthe for the attribution of the French Grand Prix in 1906, and Jacques Finance, the then Vice-President of the ACO, share a common passion for pipe smoking.

Apport évident de la culture britannique directement arrivée d'outre-Manche pour le pesage de 1950, notez l'élégance toute raffinée de Soltan Hay et de son épouse. A bord de leur Bentley Corniche superbement carrossée par Paulin, le couple avait tout naturellement choisi l'hôtel Moderne, rue du Bourg Belé, comme lieu de « villégiature » pendant leur semaine au Mans. L'endroit leur plut puisque l'année suivante, c'est en famille que ce couple « so british » revint aux 24 Heures.

At the 1950 technical verification, the refined elegance of Soltan Hay and his wife was a beautiful contribution of the British culture to the 24 Hours. At the wheel of their Bentley Corniche with superb bodywork by Paulin, they logically chose the Hotel Moderne located Rue du Bourg Belé as their "accommodation" during the Le Mans week. The "all-British" couple appreciated the place, and came back with the whole family the following year.

COLLECTION WASHINGTON PHOTO

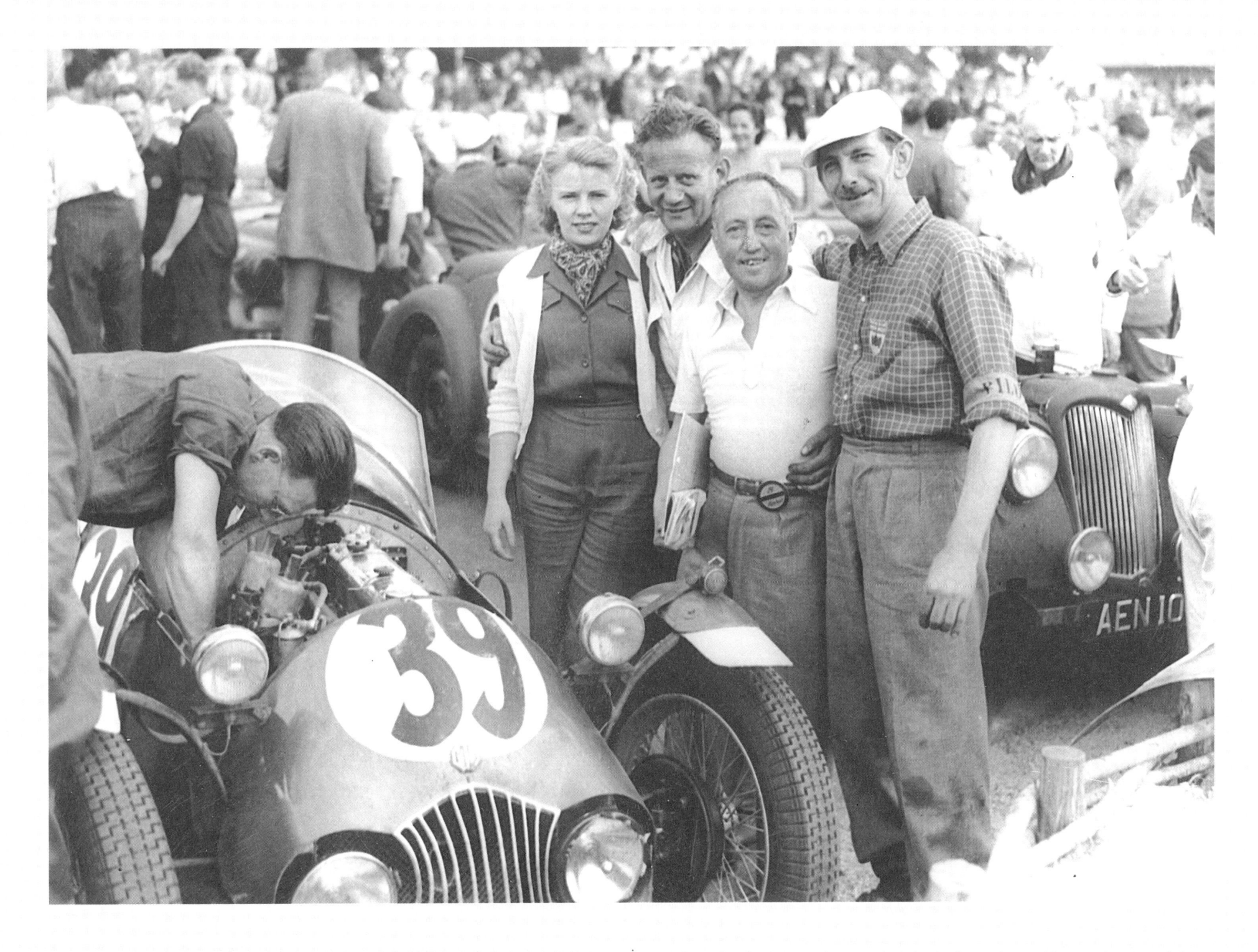

Autre clin d'œil à l'enthousiasme de nos amis anglais pour les 24 Heures, cette fierté d'être au départ ne serait-ce qu'au volant d'une modeste M.G. !

The pride of competing (even at the wheel of a modest MG!) is another sign of the enthusiasm of our friends from the other side of the Channel for the 24 Hours of Le Mans!

Pas peu fier de se retrouver au départ des 24 Heures 1950, André Paimpol prend aussitôt la pause quand il voit le reporter de la maison « Lafay », installée à Pontlieue, s'avancer avec son objectif vers son stand.
On est entre commerçants du même quartier puisque Paimpol tenait une boucherie route d'Angers à l'enseigne du « Veau d'Or », et qu'il avait fait appel à la générosité de sa fidèle clientèle pour devenir le coéquipier de Brault, garagiste à Chartres, qui engageait la Fiat n° 37.
Le photographe de l'avenue Jean-Jaurès, sûr de son effet, ne s'est pas privé d'immortaliser la scène pour la plus grande joie de la famille Paimpol regroupée à l'intérieur du stand.

....

André Paimpol could not hide his pride to compete in the 1950 24 Hours, and immediately took the right exposure at the sight of the photographer from Lafay based Rue de Pontlieue coming close to his pit with his camera. This picture is one for people from the same neighbourhood. Paimpol was a butcher settled on the road to Angers under the sign of the "Veau d'Or", and appealed to the generosity of his customers to be the team mate of Brault, the owner of a garage in Chartres who entered the #37 Fiat. The photographer from the Avenue Jean Jaurès took the picture to the great joy of the Paimpol family gathering inside the pit.

En 1953, le récent champion du monde de formule 1, Alberto Ascari, découvre les 24 Heures. Appelé en renfort par Ferrari pour piloter la puissante berlinette 375 MM n° 12, l'Italien (de profil) aura le temps de réaliser le record du tour avant d'abandonner. Mais l'histoire ne dit pas s'il eut le loisir, avant la course, d'aller écouter le « Festival de Musique Française » donné à la salle des concerts du Mans le mardi 9 juin.

....

In 1953, Formula One defending World Champion Alberto Ascari (pictured in side view) came to the 24 Hours for the first time, as a back-up for Ferrari. He retired from race but set the fastest lap at the wheel of the powerful #12 375 MM berlinetta. Nobody knows if he attended the "Festival de Musique Française" held in the Le Mans concert hall on Tuesday June 9.

COLLECTION WASHINGTON PHOTO

En 1955, autour de la Jaguar D n° 7, pilotée ici par Duncan Hamilton, on fait assaut d'élégance britannique, côté stand,... et américaine, côté piste. Chacun son style pourvu qu'on ait l'habit !

For the #7 D-Type Jaguar (with Duncan Hamilton pictured here at the wheel in 1955), British elegance is in the pit, while the American one is on the race track. Everyone had a perfect suit of his own, whatever the style!

Toujours en 1955 et encore au chapitre de l'élégance, on appréciera la tenue (en cravate) et l'opiniâtreté de ce vendeur de l'A.C.O. qui tente de circonvenir les mécaniciens de la Scuderia Ferrari d'acheter le programme officiel.

....

Another elegant pictured in 1955 is the dressing (with tie) and stubbornness of this ACO salesman who tries to convince the Scuderia Ferrari mechanics to buy the official programme.

Les supporters des jeunes vainqueurs de l'édition 1956, Ron Flockhart et Ninian Sanderson (à gauche), ne sauraient faire abstraction de leur fierté de voir une nouvelle fois triompher les couleurs de Jaguar... grâce à l'Ecurie Ecosse.

....

The fans of Ron Flockhart and Sonny Sanderson, the young winners of the 1956 24 Hours, could not hide their pride of witnessing another victory by Jaguar... entered by the Ecurie Ecosse.

COLLECTION WASHINGTON PHOTO

Cette fois, à l'arrivée des 24 Heures 1958, le cordon de la gendarmerie motocycliste est en place pour accueillir les vainqueurs sur le podium... et repousser l'enthousiasme du public qui veut toujours admirer les héros de (trop) près.

At race finish in 1958, the motorbike squad of the Gendarmerie is ready to welcome the winners on the podium... and also to tackle with the enthusiasm of people, who always want to have a (much too) close sight of the race heroes.

Pour la première fois depuis la reprise des 24 Heures en 1949, la télévision française retransmet en direct les images de l'édition 1955. Sur le portique bâti à la hâte par l'A.C.O. pour installer les caméras face aux stands, les « presse boutons » parisiens s'en donnent à cœur joie pour chambrer les photographes locaux.

For the first time since the rebirth of the 24 Hours in 1949, the French television provided live broadcast in 1955. On the portico built by the ACO to welcome the TV cameras in front of the pits, the "push-the-button guys" from Paris are mocking the local photographers at heart's content.

Assis sur le talus dit de « sécurité », face aux stands, ce reporter photographe attend sagement l'heure du départ. Si ce n'était son Rolleiflex en main, on jurerait que Buster Keaton était présent au Mans ce 22 juin 1957.

Sitting on the (supposedly) safety embakment in front of the pit lane, this photographer is quietly waiting for the race start. With the exception of his Rolleiflex camera, it seemed that Buster Keaton was actually attending the 24 Hours on June 22, 1957!

COLLECTION WASHINGTON PHOTO

Le départ approchant, et les curieux ayant enfin abandonné la piste sur injonction de la gendarmerie, les photographes peuvent réaliser quelques clichés des pilotes venant prendre position face aux stands. Court moment de répit pour ces hommes de l'art qui, d'un même mouvement, figeront l'éternité de ce 22 juin 1957.

We are close to the race start, and the crowd eventually left the race track upon request from the Gendarmerie, so photographers could take pictures of the drivers walking to their position in front of the pits for the Le Mans-style start. This was a short break for these men of art who were simultaneously shooting that day of June 22, 1957 for eternity.

COLLECTION WASHINGTON PHOTO

CHAPITRE 10

L'ÉTERNEL FÉMININ

Le Mans ladies forever

Si la femme attire toujours le regard sur les circuits, depuis des lustres elle fut la bienvenue au Mans. Dans les stands, sur la piste, au cœur du village, et même au volant, ses fonctions furent multiples et sa présence toujours appréciée.

Nous avons choisi sous forme de clin d'œil quelques instantanés de cette identité féminine qui commençait seulement à s'affirmer dans le milieu automobile au lendemain de la guerre. Hommage soit rendu à ces pionnières quelque soixante ans plus tard.

Ladies have always attracted the eyes on circuits, and have also been welcome to Le Mans for a while. They had various tasks in the pits, on the track, in the village, and even behind the wheel, and their presence has always been appreciated. They were real pioneers sixty years ago. With the snapshots featured in the following pages we want to pay tribute to the ladies who were beginning to make their presence known after World War II.

On peut vouloir se montrer sous un jour élégant et porter gants blancs tout en se passionnant pour ce qui se cache sous un capot de voiture de course. N'est-ce pas madame ?

....

As demonstrated by this lady, you can wear elegant dressing with white gloves and show some interest for "what lies beneath" the hood of a racing car!

Tout journaliste qui se respecte (surtout venant de la Capitale) se devait d'être accompagné dans son périple par une belle jeune fille. L'attrait des 24 Heures bien sûr !

....

Any good journalist (especially coming from Paris!) had to come to Le Mans with a beautiful young lady... attracted by the 24 Hours of course!

Sur la plus haute marche du podium des 24 Heures 1959, Carroll Shelby partage sa joie d'avoir fait triompher les couleurs d'Aston Martin entre une bouteille de champagne et un superbe mannequin à robe vichy. L'embarras du choix pour le pilote texan !

On the top step of the podium of the 1959 24 Hours, Carroll Shelby shares his joy of winning at the wheel of an Aston Martin with a bottle of champagne and a beautiful model wearing a Vichy dress. A difficult choice indeed for a man from Texas!

COLLECTION WASHINGTON PHOTO

Lors de la remise des prix des 24 Heures 1957, ces dames font assaut d'élégance devant le buffet dressé par les organisateurs en l'honneur des différents vainqueurs. Nous sommes dans la salle des trophées du château de Cheverny et, cette année-là, la remise des prix prendra une certaine dimension.

During the 1957 prize-giving ceremony, ladies were equally elegant before the buffet dedicated by the race promoters to the winners of the various categories. This ceremony took place in the trophy hall in the Cheverny castle, and this scenery added another dimension to the prize-giving.

COLLECTION WASHINGTON PHOTO

Incontestablement, la mode est aux rayures pour ces dames en cette année 1955 !

Without any doubt, stripes were trendy for the ladies of the 1955 24 Hours!

Incontournable lien entre les vérifications techniques et les appels extérieurs destinés aux officiels, cette demoiselle au téléphone symbolise les progrès techniques réalisés dans les transmissions... en 1949.

With her phone, this young lady was the indispensable link between technical verification and outside calls for the officials. She symbolised the technical progress achieved in transmission... in 1949.

En 1951, l'Automobile Club de l'Ouest sait accueillir ces hôtes féminins... surtout si elles viennent des Etats-Unis, dans les bagages de l'écurie Cunningham.

In 1951, the ACO perfectly welcomed ladies... especially when they came from America with Briggs Cunningham's team.

On ne sait pas qui des vainqueurs de 1953 (Duncan Halmilton, à gauche, et Tony Rolt) ou de leurs charmantes épouses expriment le mieux leur joie ! Mais c'est bien Mme Hamilton qui se montre la plus empressée à récompenser son « héros de mari » sur la Jaguar n° 18.

Who is the happiest with the race victory in 1953? Duncan Hamilton (left), Tony Rolt or their wives? Mrs. Hamilton actually is the most enthusiastic to offer a perfect reward to her "hero", the race winner with his #18 Jaguar!

COLLECTION WASHINGTON PHOTO

Du beau monde autour de l'écurie Bristol à quelques minutes du départ de l'édition 1955. Mais cela n'empêche pas nos ladies à jupes plissées de discuter de choses et d'autres.

The Bristol team enjoys beautiful surroundings a few minutes before the race start in 1955, with chatting ladies wearing pleated skirts.

Au stand Panhard, en juin 1959, tout est dans le regard attentif de cette épouse à son pilote de mari, Louis Cornet

This wife looks at her husband Louis Cornet, behind the wheel with great and careful attention in the Panhard pit in June 1959.

Pas évident de monter rejoindre son « amoureux » sur le rebord en bois du stand Aston Martin, déjà bien encombré après l'arrivée de 1959. Surtout quand on porte une robe serrée ! Mais les mains secourables du photographe Bernard Cahier se sont tendues au bon moment.

This lady with a tight dress experienced some difficulties to climb the wooden edge of the Aston Martin pit, which was overcrowded after the finish of the 1959 24 Hours. But photographer Bernard Cahier was at the right place to "give a hand".

Traditionnelle et immortelle image des 24 Heures du Mans avec la starlette et le cameraman à ses pieds. Déjà en 1959...

The traditional and immortal image from the 24 Hours of Le Mans, with the starlet and the camera operator at her feet dates from a long time... This one was taken in 1959.

COLLECTION WASHINGTON PHOTO

La Belle et la Bête, ou quand la charmante Germaine Rouault attend patiemment au pied de sa Simca-Gordini n° 41, sa coéquipière Régine Gordine (née Storez), première femme pilote professionnel, au pesage 1950.

This picture could be a motoring version of "The Beauty and the Beast", with the beautiful Germaine Rouault standing beside her #41 Simca Gordini, patiently waiting for her team mate Régine Gordine (born Storez), the first professional lady driver at the technical verification in 1950.

COLLECTION WASHINGTON PHOTO

Luigi Chinetti n'hésita pas à faire confiance à ce tandem de charme en 1951... et s'en trouva récompensé, puisque Mmes Yvonne Simon et Betty Haig ont conduit leur belle Ferrari 166 MM à une excellente 15e place au général.

In 1951, Luigi Chinetti did not hesitate to entrust two charming lady drivers with the equally beautiful Ferrari 166 MM. He was rewarded with the 15th position overall by Yvonne Simon and Betty Haig.

Enfin on achèvera ce chapitre à la gloire de la gent féminine par ce beau sourire d'ensemble à l'arrivée des 24 Heures 1956. La présence de René Bonnet (à gauche) nous incite à penser que cet accueil chaleureux, orchestré par Marchal, était adressé au tandem Laureau-Armagnac qui venait d'imposer sa petite D.B. à l'indice de performance.

We would like to close this chapter dedicated to the Le Mans ladies with a great smile at the finish of the 1956 24 Hours. The presence of René Bonnet (left) makes us think that this warm welcome organised by Marchal was for Laureau and Armagnac, the winners of the Performance Index classification at the wheel of their tiny DB.

COLLECTION WASHINGTON PHOTO

CHAPITRE 11

Débuts et fins de course

Race starts and finishes

Fallait-il ou non ajouter, à cette galerie d'instants passés sur le circuit, quelques scènes de course ? Longtemps la question nous a fait hésiter car notre propos était de mettre en lumière le décor plutôt que la scène de ce théâtre unique au monde.
Mais évoquer Le Mans sans faire référence à ce départ qui a longtemps tenu sous son charme des millions de spectateurs aurait été comme un crève-cœur à l'égard du mythe des 24 Heures. Hommage donc au départ en épi, à sa mise en scène si émouvante qu'elle figeait dans le silence le plus absolu la foule qui retenait son souffle jusqu'à l'envolée des pilotes.
24 heures plus tard, au contraire, ce n'étaient que cris et vociférations pour saluer le courage des survivants et le mérite des vainqueurs au moment du passage devant le drapeau à damiers.

For a long time we hesitated to add a few race pictures to these galleries because the guideline of this book is to focus on the Le Mans setting and atmosphere rather than on the race itself, and on the scenery rather than the stage of this unique theatre. But in the end it would have been heart-breaking in regard to the Le Mans myth not to pay a special tribute to the race start. This moment was so moving for millions of spectators and so emotional that the people on the circuit used to hold their breath and to remain silent until the drivers ran to their cars. As a contrast, the public yelled and shouted at race finish to salute the courage of the winners and survivors who received the chequered flag.

A ce moment béni de l'histoire de la course automobile (1958) où les pilotes se présentaient d'abord au public depuis leur petit rond numéroté, Le Mans tenait une place à part dans l'imaginaire des gens.

During this memorable period of the motor racing history (1958), Le Mans had a place of its own in the public's imagination, when the drivers first introduced themselves to the public once standing on the circle painted on the ground with their race number.

C'est d'abord dans ce face-à-face unique au monde entre pilotes et voitures, sous les yeux du public, que se situait le mythe du Mans, comme ici en 1958. Mais c'est le moment de se souvenir que, depuis 1925, il en allait ainsi ! Dans les Hunaudières, pour la première fois, un sprint pédestre préluda à un départ de course automobile.

As pictured here in 1958, the Le Mans myth started with the unique image of drivers facing their cars under the eyes of the public. It is time to remember that the "Le Mans-style" start was introduced in 1925, and the drivers ran to their cars for the first time in the Mulsanne straight.

COLLECTION WASHINGTON PHOTO

En fond de grille, place aux « petites » voitures bleues, les Gordini, V.P., D.B., Panhard et autre B.G. qui vont se disputer le classement à l'indice énergétique (créé en 1949) dont était si friand le public tricolore... faute de mieux. Mais en 1954, avec la victoire de Trintignant sur Ferrari, c'est quand même la Marseillaise qui résonna sur le circuit du Mans.

The back of the starting grid was the place of the "little blue cars" (Gordinis, VPs, DBs, Panhards and BGs) that would compete for the Energy classification, initiated in 1949. They could not have hoped for better, but in 1954, the French anthem saluted the overall victory by Maurice Trintignant at the wheel of a Ferrari.

Comment ne pas se laisser à rêver, toujours en 1954, avec ces appendices aérodynamiques qui fleurissaient sur l'arrière des Panhard ? Quant aux hommes en blanc que l'on aperçoit derrière chaque voiture, ils étaient chargés de récupérer, après le départ, les cales qui empêchaient chacune des 57 voitures de glisser dans la forte pente qui existait à cette époque dans la ligne droite des stands.

Who could not dream at the sight of the aerodynamic devices on the rear of this Panhard in 1954? After the race start, a specific feature of that time was the men in white behind each car in charge of picking up the wedges which prevented the 55 cars to go down the slope on the pit straight.

Le drapeau abaissé, dans une clameur soudain renaissante après l'impressionnant silence des derniers instants, les soixante pilotes se ruaient alors vers leurs voitures. Le départ en épi « type Le Mans » resta longtemps la marque de fabrique des 24 Heures, comme ici en 1955.

Once the flag was waved down, the public yelled again after the impressive silence that preceded the rush of the 60 drivers to their cars. The "Le Mans-style" start remained the trademark of the 24 Hours for a long time, as pictured here in 1955.

Ce départ « type Le Mans » mettait fin, le 21 juin 1958, à une longue attente des spectateurs venus très tôt le samedi matin sur le circuit pour se procurer la meilleure place devant les tribunes ou sur les balcons de ravitaillement.

On June 21, 1958, the "Le Mans-style" race start put an end to the long wait of the public, who came very early on Saturday morning to get the right place in the grandstands and the pits' balconies.

Sur ce document des 24 Heures 1955 où les deux Jaguar officielles (n° 6 et 8) se montrent les plus promptes devant la meute, on se demande bien comment ont fait les deux clandestins particulièrement « kamikazes » pour se hisser au sommet de la grande tribune.

On this picture of the 1955 24 Hours, the factory Jaguars (#6 and 8) are the quickest at the race start, but you could wonder how the two "uninvited guests" climbed to the top of the great grandstand without breaking their neck!

Une Cadillac qui s'élance et se cabre sur ses roues arrière de toute la puissance de son V8, c'est le spectacle visuel et sonore auquel assiste le nombreux public en bordure de piste ce 24 juin 1950.

On June 24, 1950, the numerous public on the trackside could enjoy the sight and sound of this Cadillac nosing up with the horsepower of its V8 engine.

COLLECTION WASHINGTON PHOTO

L'un des grands suspenses liés au départ en épi : combien de voitures resteront immobiles sur la grille une fois le gros de la troupe élancé ? On voit bien, en ce 23 juin 1951, et à moteur identique, que la bonne fortune n'est pas la même pour tous au sein de l'armada Cunningham (n° 3, 4, et 5).

One of the thrilling questions of the "Le Mans-style" start was the number of cars remaining on the grid after the others ran away. On June 23, 1951, the cars of the Cunningham armada (#3, 4 and 5) used the same engine, but did not enjoy the same fortune at the race start.

Deux ans après le drame de l'édition 1955, on peut constater que chacun a repris sa place sur le talus séparant la piste de l'enceinte des spectateurs. Si le public a reculé, les photographes sont, quant à eux, toujours aussi inconscients du danger.

Two years after the 1955 tragedy, we can see that everybody was back on the same spots as before on the embankment separating the race track from the public's section. The latter actually moved back, but photographers remained unaware of the danger.

COLLECTION WASHINGTON PHOTO

Chapeau colonial vissé sur la tête et geste altier envers la Delahaye n° 11 de Grignard et Brunet, Charles Faroux indiquait qu'un dernier tour était nécessaire aux Français pour boucler ces 24 Heures 1949.

With a colonial hat on his head and a haughty gesture, Charles Faroux indicated that the #11 driven by Grignard and Brunet had to complete one more lap to finish the 1949 24 Hours.

A la suite de l'édition 1955, Charles Faroux (83 ans) partage pour la première fois la direction de course avec un adjoint. Et c'est donc Charles de Cortanze qui saluera énergiquement l'arrivée des vainqueurs 1956 (Flockhart-Sanderson sur Jaguar n° 4) dans un style pour le moins spectaculaire.

....

Further to the 1955 running of the 24 Hours, 83-year-old Charles Faroux shared race control with a deputy for the first time. So Charles de Cortanze saluted the 1956 winners Flockhart and Sanderson (#4 Jaguar) with great energy and a spectacular move.

Ou l'on voit bien, sur ce cliché des derniers tours des 24 Heures 1950, que la piste s'incline légèrement vers la droite avant l'entrée des stands et la ligne d'arrivée... où Charles Faroux règne en maître absolu depuis 1923.

....

The slight banking to the right at the pit lane entrance and finish line (Charles Faroux reigned on the latter since 1953) can easily be seen on this picture of the last laps of the 1950 24 Hours.

COLLECTION WASHINGTON PHOTO

Il ne manque pas un bouton de guêtre à l'arrivée des 24 Heures 1958 pour que les frères Whitehead (seconds sur l'Aston Martin n° 5) rejoignent sans encombre le podium devant la direction de course.

No button was missing on gaiters at the finish of the 1958 24 Hours so the Whitehead brothers (the runner-ups at the wheel of the #5 Aston Martin) could quietly join the podium in front of the race control.

CHAPITRE 12

Mécaniques et mécaniciens

Mechanical and mechanics

Pas de course sans mécanique ni de mécanique sans mécanicien. Mais ce rôle d'ange gardien des hommes de main va bien plus loin au Mans où, pendant 24 Heures, il faut avoir l'œil aux aguets et l'oreille à l'écoute du moindre bruit suspect quand passe la voiture amie. Comprendre à l'avance pourquoi, un tour plus tard, elle s'arrêtera, c'est tout l'enjeu de cette épreuve au long cours où le temps s'écoule plus vite que nulle part ailleurs dès que s'annonce un retour aux stands.

Où l'on verra que si les modes et les méthodes ont changé chez les hommes de l'art, les gestes sont toujours aussi précis… et pressés.

No race can be run without mechanical, and mechanical could not work without mechanics. At Le Mans, the part of mechanics goes far beyond their regular contribution as "guardian angels" and "hand workers": during the 24-hour race they must keep their eyes wide open and ears listening to any unusual noise when their beloved car passes by. Understanding why the car will stop in the following lap is the major stake of this long race where time passes faster than anywhere else when a pit stop is coming.

In the following pages we will see how the operating modes have changed, but any move of these "craftsmen" remains precise… and urgent.

On ne saurait comprendre tout ce déballage d'outils et de pièces de rechange sur la ligne des stands, à quelques heures du départ des 24 Heures 1952, si l'on oublie qu'à cette époque, seul le pilote était censé pouvoir se dépanner avec les moyens embarqués. D'où la nécessité de bien réfléchir avant de mettre armes et bagages dans le coffre avant de ces 4 CV.

To explain this unpacking of tools and spare parts on the pit lane a few hours before the start of the 1952 24 Hours, we must remember that at this time, only the driver was authorized to repair with tools available in the racing car. So he needed to make the right choice before packing his toolkit in the front trunk of these 4 CV Renaults.

COLLECTION WASHINGTON PHOTO

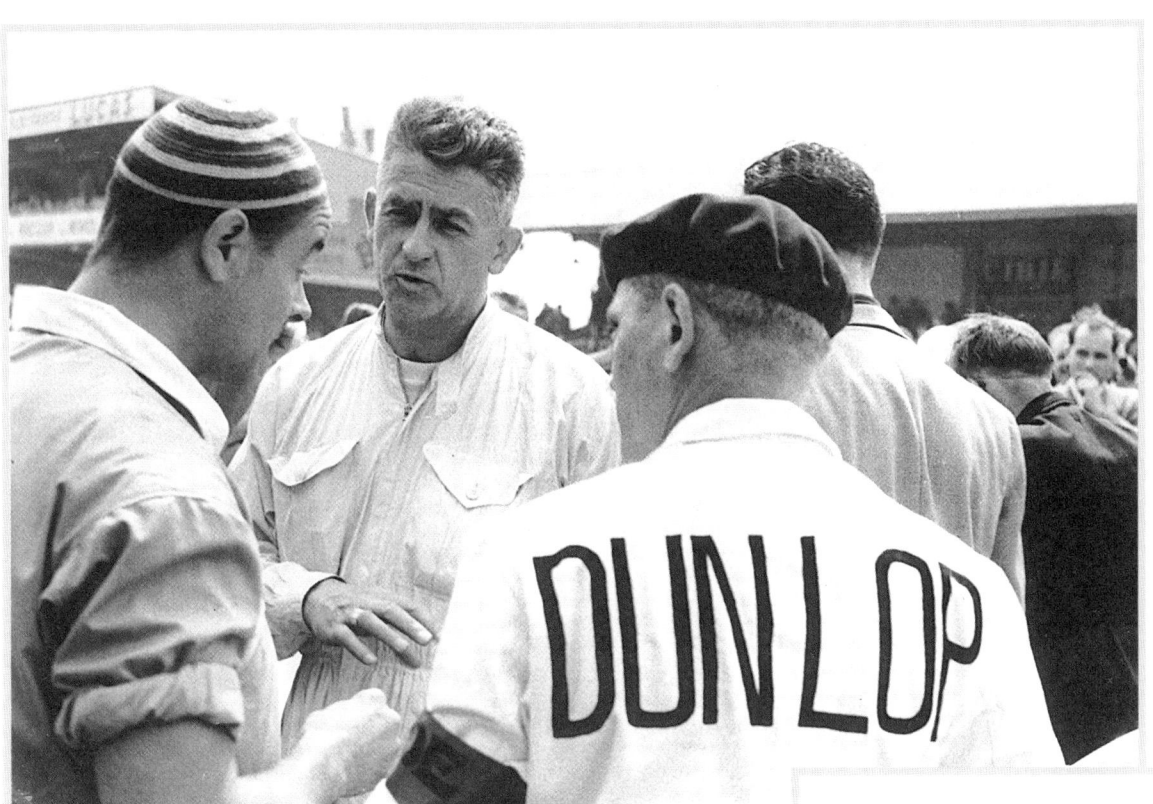

Garagiste de son état, Louis Rosier (au centre) était le premier à indiquer à ses mécanos ce dont il avait besoin pour mener à bien les 24 Heures 1953. Déjà le préposé aux pneus du Clermontois affiche clairement la couleur.

....

Louis Rosier (centre) was a garage owner and used to indicate to his mechanics what he needed to compete in the 1953 24 Hours. His tyre operator already knew!

A peine le départ donné, les équipes via un mécano (en combinaison blanche) désigné à l'avance étaient chargées d'enlever la cale de bois qui permettait aux voitures d'attendre sagement la ruée de leurs pilotes.

....

Right after the race start, mechanics (in white overalls) were designated by the pit crews to pick up the wooden wedges which enabled the cars to wait for the drivers' run.

COLLECTION WASHINGTON PHOTO

Un solide coup de maillet en bois et voilà la calandre de cette M.G. n° 33 qui retrouve visage humain. Mais cela ne sera pas suffisant pour permettre au tandem Lund-Escott de rejoindre la ligne d'arrivée des 24 Heures 1959.

The right kind of hit with a wooden mallet restored the grille of the #33 MG, but this was not enough for the drivers Lund and Escott to see the chequered flag of the 1959 24 Hours.

COLLECTION WASHINGTON PHOTO

Pour être mécano aux 24 Heures, mieux vaut posséder quelques solides rudiments de carrossier pour accompagner jusqu'au bout la volonté des pilotes de passer devant le drapeau à damiers.

A mechanic of the 24 Hours must have some good knowledge in bodywork to share the will of drivers eager to finish the race.

COLLECTION WASHINGTON PHOTO

Non, les Japonais n'ont pas tout inventé ! La preuve, cette ombrelle individuelle portée dès 1955 par un des mécanos (ingénieux) de Briggs Cunningham.

No, the people from Japan did not invent everything, as demonstrated by this individual sunshade used by a (smart) mechanic of Briggs Cunnigham's team!

COLLECTION WASHINGTON PHOTO

En termes d'élégance, hommage à ce mécanicien de Gordini (n° 29) qui allie joliment cravate et salopette au départ des 24 Heures 1956.

Just take a look at this mechanic of the #29 Gordini, who combines dungarees and tie with great elegance at the start of the 1956 24 Hours!

COLLECTION WASHINGTON PHOTO

Diable ! mais qui donc a oublié la trousse à outils sur le capot de la D.B. HBR n° 45 ? Cela fait un peu désordre... surtout au moment où le patron lui-même (René Bonnet) va redémarrer.

Oh God, someone forgot the toolkit on the hood of the #45 DB HBR at the wrongest moment: team boss René Bonnet is at the wheel ready to drive back into the race!

COLLECTION WASHINGTON PHOTO

Là aussi, c'est vraiment au tout dernier moment que l'on retire la cale qui stabilisait la Lister Sport n° 10 à son stand lors des 24 Heures 1958.

The wedge that stabilised the #10 Lister Sport in its pit was once again picked up at the very last moment in the 1958 24 Hours.

Autre époque, autre technique où l'on hissait les voitures (Saab n° 44) dans les stands grâce à un solide lève-vite. Et pourtant nous sommes en 1959 et Nottorp-Bengston auront le mérite de mener cette belle Suédoise jusqu'à la 12e place. Pas mal pour un deux temps de 748 cm³ !

Every period of the history of the 24 Hours had techniques and operating modes of its own: in 1959, the cars (like the #44 Saab pictured here) were hoisted up in the pits with a heavy jack. Hats off to its drivers Nottrop and Bengston, who finished 12th overall with the tiny car from Sweden, powered by a 748cc two-stroke engine!

COLLECTION WASHINGTON PHOTO

A l'époque, comme ici lors de l'édition 1955, tout se faisait à la main et souvent au dernier moment. Les protections des feux arrière de la V.P. n° 56 n'échappent pas à cette règle d'or de l'artisanat qui présidait alors aux 24 Heures.

In the good old days (for example here in 1955), everything was last-minute and hand-made. This was the golden rule of the "craftsmanship" of the 24 Hours, as demonstrated by the protection devices for the rear lights of the #56 VP pictured here.

COLLECTION WASHINGTON PHOTO

Pour plonger sous le long capot de la Jaguar Type D (n° 8 en 1955) et atteindre son délicat six cylindres, il fallait du doigté... et avoir le bras long.

In 1955, magic fingers and long arms were needed to reach the beautiful 6-cylinder engine hidden in the long hood of the D-Type Jaguar #8.

Trintignant, en prenant le dernier relais de son coéquipier Paul Frère, veut y croire jusqu'au bout. L'essence gicle encore du tuyau, le préposé à l'huile doit s'écarter brutalement, mais l'Aston Martin n° 6 ne pourra combler les 10 derniers petits kilomètres qui la séparent de sa petite sœur victorieuse de l'édition 1959.

During the last stint of his team mate Paul Frère in the 1959 24 Hours, Maurice Trintignant still believed in victory. Gasoline squirted from the nozzle, the oil operator stepped back right away, but the #6 Aston Martin could not fill in the 10-kilometre gap separating it from the victorious sister car.

CHAPITRE 13

Vu du public

As seen from the public

L'avantage du circuit du Mans en cette période d'après-guerre c'est qu'il offrait de nombreux points de vue sur tout son périmètre. Le public avait donc ses habitudes et ses préférences et de père en fils, si l'on se perdait, on savait où se retrouver le cas échéant.

Des enceintes populaires aux places de tribunes, on se retrouvait presque année après année entre voisins. Et chacun savait par exemple que pour apprécier le départ et les premières heures de course, il convenait d'arriver tôt sur le circuit afin d'occuper la meilleure place possible.

Pas étonnant dès lors de découvrir un public déjà nombreux le long des fascines quand débutent, par exemple, les parades du Cinquantenaire de l'A.C.O. le samedi matin 22 juin 1957...

After World War II, the Le Mans circuit had the advantage to offer many points of view over its whole perimeter. The public had its favourite spots from father to son, and always knew where to meet again when they were lost. From the public zones to the grandstands seats, public almost gathered as neighbours, friends and relatives. For example, everybody knew that they had to come early on the circuit to get the best possible spot for the start and the early hours of the race. So it was not surprising to see many people along the fascines at the start of the parades dedicated to the 50th anniversary of the ACO in the morning on Saturday June 22, 1957...

Les commissaires étaient les premiers à s'installer tout autour du circuit dès le début des essais. A la sortie des « S du Tertre Rouge », les fidèles habitués du poste 13 sont prêts à tenir le siège jusqu'au dimanche 29 juillet 1956... après 16 heures bien sûr.

The marshals were the first to settle around the circuit as early as the practice sessions. At the exit of the Tertre Rouge S-turns, the regulars of Post 13 are ready to do their part until Sunday July 29, 1956... after 4 PM of course.

COLLECTION WASHINGTON PHOTO

« Vos papiers s'il vous plaît ! ». C'est qu'on ne rigole pas avec la maréchaussée sur la piste du Mans... même en 1959.

"Documents please!" Police forces had to be taken very seriously on the Le Mans race track... even in 1959.

Les tribunes sont encore loin d'être remplies le samedi matin du 11 juin 1955, mais déjà les meilleures places, le long de la balustrade en bois, sont prises d'assaut pour ne rien manquer du départ en épi.

Grandstands were far from being crowded in the morning of Saturday June 11, 1955, but the best spots along the wooden railing were already "assaulted" not to miss a second of the Le Mans-style race start.

COLLECTION WASHINGTON PHOTO

Par contre sur la piste, une heure avant le départ de 1955, et malgré la manœuvre de la maréchaussée qui commence à s'agiter, on voit bien que les curieux tardent à évacuer la zone des stands.

But one hour before the 1955 race start, police forces were a bit worried as people did not leave the pit zone as fast as they would.

Grande attraction du lever de rideau des 24 Heures 1957, l'Etoile Filante soulève l'enthousiasme des spectateurs du virage d'Indianapolis. A son volant, François Landon, responsable du service compétition de la Régie Renault, n'en mène pas large car la turbine de la championne du monde de vitesse (308 km/h sur le Lac Salé en septembre 1956) est difficile à contrôler. Or sans frein moteur, le circuit du Mans n'est pas des plus simples à aborder. Qu'importe, le « coup de pub » de Landon, qui avait aussi lancé les 4 CV dans l'aventure des 24 Heures en 1951, sera pleinement réussi.

The great attraction of the pre-race ceremonies of the 1957 24 Hours was the presence of the Etoile Filante as a curtain raiser, to the great enthusiasm of the public of the Indianapolis corner. François Landon, the head of Renault's racing department, was not so comfortable at the wheel, because it is difficult to control the rotor of the holder of the world speed record (308 kph on the Bonneville Salt Flats in September 1956), and the Le Mans circuit is not so easy to drive without engine braking. Anyway, this Le Mans outing was a perfect advertising stunt for Landon, the man who initiated the entry of the 4 CV at the 1951 24 Hours.

COLLECTION WASHINGTON PHOTO

Profitant de l'occurrence des festivités du Cinquantenaire de la création de l'A.C.O., avec un an de retard faute aux lourds travaux en 1956 qui faisaient suite au drame de 1955, Renault frappe un grand coup en organisant une grande parade le samedi midi. En tête de celle-ci, saluée par la maréchaussée et tout le public, la fameuse type AK qui s'imposa aux mains du Hongrois Szisz lors du Grand Prix de l'ACF 1906... sur le circuit de la Sarthe. Bien joué Renault !

Another publicity stunt by Renault was the great parade at noon on Saturday June 22, 1957, for the 50th anniversary of the creation of the ACO. This celebration suffered a two-year delay because of the tragic race in 1955 and the great works that followed in 1956. The cortege was enthusiastically saluted by the public and police forces, and was headed by the famous AK car of the Hungarian driver the Szisz, the winner of the 1906 French Grand Prix... A nice move by Renault!

Obéissant à l'uniforme au petit doigt et à l'œil, les Porsche 550 font la ronde autour du gendarme avant de se placer en épi devant les stands en ce 13 juin 1953.

Moving and dancing around this gendarme, the Porsche 550s perfectly obeyed his orders before parking for the Le Mans-style start of the 24 Hours on June 13, 1953.

L'heure du départ approche et au pied de la passerelle Ferodo destinée à accueillir les premières caméras de l'ORTF, le public prend son mal en patience avant le départ. Derrière la tribune, la camionnette du quotidien breton « Ouest-France » alimente en journaux et chapeaux de papier les spectateurs sous le chaud soleil de ce 11 juin 1955.

On June 11, 1955, time of race start is closing. Standing at the bottom of the Ferodo portico welcoming the first ORTF (French TV broadcasting company) cameras, the public is (im)patiently waiting. Behind the grandstand, the van of the "Ouest-France" daily newspaper from Brittany provides the public with the latest edition and paper hats.

C'est maintenant l'envol des 60 concurrents de l'édition 1953 et on peut mesurer l'enthousiasme du public au-dessus des stands en découvrant la foule particulièrement compacte des fidèles du Mans.

When the 60 cars start the 1956 race, we can measure the enthusiasm of the public standing above the pits with the presence of numerous Le Mans regulars.

24 heures plus tard, le public est tout aussi empressé à descendre sur la piste pour venir saluer les « survivants » de cette édition 1953. Briggs Cunningham (les mains dans les poches) est tout sourire car, pour la première fois, ses trois voitures ont pu rallier l'arrivée et ses pilotes Walter-Fitch monter sur la troisième marche du podium.

Twenty-four hours later, the public gets down to the track with equal enthusiasm to salute the "survivors" of the 1953 event. Briggs Cunningham (with hands in his pockets) has good reasons for smiling: his three cars received the chequered flag for the first time, with Walter and Fitch taking the third step of the overall podium.

Manifestement c'est bientôt l'arrivée, et après un solide pique-nique en famille (d'où les nombreuses traces d'agapes abandonnées par-dessus la balustrade, avec les journaux du matin), on s'apprête à fêter les rescapés des 24 Heures 1956.

Obviously, we are close to race finish: after a solid Sunday picnic (with remains and morning newspaper left above the handrail), everyone in the family is ready to celebrate the survivors of the 1955 24 Hours.

Canalisées par la gendarmerie juchée sur le talus de protection, les voitures qui ont franchi le drapeau à damiers en ce 23 juin 1951 vont se ranger bien sagement au bout de la ligne droite des stands.

After receiving the chequered flag on June 23, 1951, the surviving cars are parking at the end of the pit straight under the guidance of the gendarmes standing on the embankment.

COLLECTION WASHINGTON PHOTO

C'est même la passerelle Dunlop qui sert de limite à ne pas dépasser pour les heureux élus qui sont enfin rejoints par leurs proches ce dimanche 24 juin 1951.

The Dunlop bridge is the no-trespassing limit for the people joined by their friends and relatives on Sunday June 24, 1951.

Une chatte n'y retrouverait pas ses petits et pourtant, on se congratule chaleureusement devant la direction de course à l'arrivée des 24 Heures 1957.

It is difficult to identify someone when everbody warmly congratulates each other at the race finish of the 1957 24 Hours.

COLLECTION WASHINGTON PHOTO

CHAPITRE 14

Quand publicité et restauration vont de pair

Advertising and catering

Si l'on regarde les photos de la première édition des 24 Heures en mai 1923, panneaux et pancartes publicitaires abondent déjà sur le moindre espace libre et les premiers traiteurs se disputent les clients.

Autant dire que, pour la reprise de la course en 1949, le circuit du Mans est vite recouvert d'annonces qui vantent différents produits liés à la course et qui incitent leurs clients utilisateurs à venir leur rendre visite, histoire de partager le verre de l'amitié. Voilà pourquoi, au sein du Village, l'A.C.O. crée bientôt un espace avec bungalows en bois réservés aux concessionnaires.

La mode est lancée et bientôt la chasse aux invitations deviendra le sport favori des Manceaux à l'approche des 24 Heures. Mais, les moins chanceux se consoleront vite, en prenant d'assaut la rotonde des Comptoirs Modernes, dans le haut du Village, où l'on trouvera à se restaurer à hauteur de ses moyens.

When looking at the pictures of the first running of the 24 Hours of Le Mans in May 1923, the advertising signs already made their presence known on every place available and there was a great competition between the first caterers.

The least we can say is that at the rebirth of the race in 1949, the Le Mans circuit was rapidly invaded by advertisers linked to motor racing activities and motivating their customers to come for a drink. This is why the ACO created a zone with wooden bungalows dedicated to the dealers inside the Village. From this moment on, the hunting for invitation cards was one of the favourite sports of the Le Mans people. But the unlucky ones found consolation with a drink in the rotunda of Les Comptoirs Modernes, in the upper side of the Village, where everyone could afford a chow.

Non, on n'a rien inventé dans le domaine des relations publiques sur le circuit. A preuve cette joyeuse compagnie réunie autour d'un verre offert dans la loge Pyrène des 24 Heures 1950. Effet pétillant garanti, la marque d'extincteur de Montrouge est également présente aux meilleurs endroits (fascines et virages) depuis 1949 sous la forme de petits panneaux circulaires.
A l'origine, l'extincteur individuel Pyrène équipait les Jeep de l'armée américaine pendant le second conflit mondial.

Nothing has ever been invented on the circuit in the field of public relations, as pictured here with this cheerful group having a drink at the Pyrène box during the 1950 24 Hours. The "sparkling" effect was guaranteed, since the fire extinguisher brand from Montrouge was also present on the best spots (fascines and corners) since 1949 with small circular signs. The individual fire extinguisher by Pyrène equipped the Jeeps of the US Army during World War II.

La Mutuelle Générale Française Vie est une vieille institution locale puisqu'elle est née en 1920, à partir du solide faisceau des Mutuelles créé un siècle plus tôt au Mans. Raison de plus pour accueillir, verre à la main, ses nombreux clients et amis dans le village des 24 Heures en 1955. Et dieu sait si les Mutuelles avaient des amis à ce moment de l'année...

The Mutuelle Générale Française Vie is an old local establishment born in 1920, based upon the solid network of mutual benefit insurance companies created in Le Mans a century earlier. This was why the company welcomed it numerous clients and friends in the Village of the 1955 24 Hours. God knows the mutual benefit insurance companies had many friends at this time of the year...

Collection Washington Photo

Autre méthode pour se faire remarquer aux 24 Heures 1956 : être là au bon moment, c'est-à-dire juste après l'arrivée ; ensuite se trouver au cœur d'une équipe qui s'est imposée (R.B. à l'indice de performance) puis tourner le dos aux photographes pour qu'ils immortalisent le blouson porteur du bon message ; en l'occurrence celui du chat Marchal qui reprend le célèbre slogan « Je ne prête mes yeux qu'à Marchal ».

Another method to make yourself known in the 1956 24 Hours: being at the right place at the right moment just after race finish, joining the winning team (here RB, the Performance Index winner), and turning your back to the photographers so they can picture your advertising message on your jacket. Here it was Marchal's cat with the motto: "Je ne prête mes yeux qu'à Marchal" (this could be translated as "Only Marchal can use my eyes").

COLLECTION WASHINGTON PHOTO

Vue depuis l'extérieur de la courbe Dunlop, la célèbre rotonde des Comptoirs Modernes est devenue en peu de temps le temple de la restauration sur le circuit. Service rapide, plateau repas à déguster sur place, « 3 étoiles Goulou » à volonté et surtout prix à portée de toutes les bourses incitait chacun à se retrouver entre amis sur l'esplanade en haut du Village.

On this picture, the famous rotunda of Les Comptoirs Modernes is seen from outside the Dunlop curve. It rapidly became the best catering place on the circuit, with fast service, dinner plates to be enjoyed on the spot, as much 3-star "Goulou" local wine as you liked, and most important very affordable rates for a meal with good friends on the esplanade of the Village.

Autre patronyme lié à la restauration, celui du Changéen Chasseray qui, avant de prendre en gérance le Welcome, s'était fait connaître dans les allées du circuit par ses immenses aménagements en toile qui abritaient banquettes pour manger assis, mais aussi dancing et jardin d'agrément pour se détendre. Tout compris celui qu'on appelait familièrement le « P'tit Robert » !

Changéen Chasseray was another great name in the catering business. Before taking the management of the Welcome, it established its reputation in the circuit alleys with its large canvas facilities sheltering seats where people could sit to have a meal, and also a garden and a dance hall. Everything was included at the place of the guy nicknamed the "Little Robert".

Collection Washington Photo

Apparue sur le circuit en 1955, la firme nantaise Igol, spécialisée dans les huiles de compétition, s'affirmera, année après année, en recevant chaleureusement sa clientèle dans une des nouvelles loges au-dessus des stands.

....

The Igol company from Nantes was specialized in oil for racing engines and appeared on the circuit for the first time in 1955. It made its reputation through the years with a warm welcome to its customers in new boxes above the pits.

COLLECTION WASHINGTON PHOTO

Cette fois, pas question de stand dans le Village et encore moins de loge huppée. C'est à l'arrière du camion et à la bonne franquette que se fait la dégustation du vin des Corbières. L'ami Roger (en imperméable) et son camarade semblent apprécier le breuvage d'autant que l'offre « à des fins publicitaires »... est gratuite.

A stand in the Village and elegant boxes were out of question: the tasting of the Corbières wine was made with no further ceremony behind the truck. The good old pal Roger (with raincoat) and his friend seem to appreciate the liquor... since the offer "for advertising purposes" was free!

COLLECTION WASHINGTON PHOTO

Derrière les tribunes, c'est le royaume de la maison Hemery qui possède une solide réputation de traiteur au Mans et qui tient le haut du pavé depuis longtemps à cet endroit sur le circuit. En 1955, les premiers cars régie de l'ORTF s'installent aussi sur l'allée des tribunes, face à la Maison du Café.

Behind the grandstands was the kingdom of Hemery, a catering company of great reputation in Le Mans. It was the leader of the place on this section of the circuit. In 1955, the first broadcasting trucks of the ORTF (the French Radio and TV Broadcast company) also settled on the grandstand alley, in front of the Maison du Café.

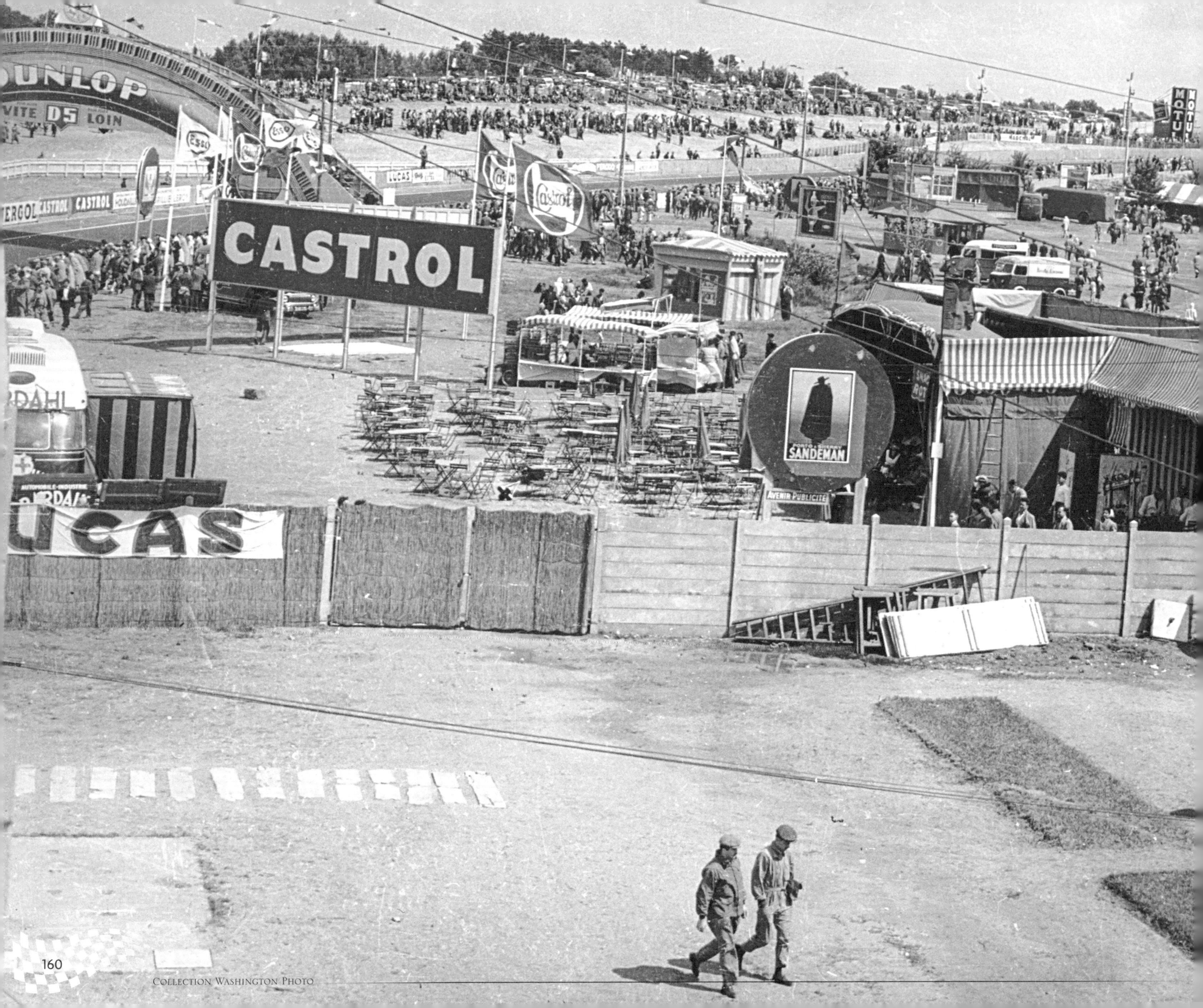

Collection Washington Photo

Au lendemain du drame de 1955, toute la zone des stands est modifiée et l'A.C.O. en profite pour aménager alors un véritable Village en dur. Le long de l'allée centrale, baptisée du nom de Paul Jamin, les commerces commencent à s'installer à l'instar du restaurant du Welcome dont on aperçoit l'arrière et qui deviendra l'un des hauts lieux de la gastronomie sous la houlette de Robert Chasseray.

....

After the 1955 tragedy, the pit zone was modified in its entirety. The ACO decided to have buildings in the Village. Along the central alley bearing the name of Paul Jamin, shops began to settle there, and so did the Welcome restaurant, which can be seen on this picture. It would become one of the best places for gastronomy, under the guidance of Robert Chasseray.

À son tour, la Loterie Nationale va profiter de la notoriété grandissante des 24 Heures pour faire effectuer, par les personnalités un tirage au sort officiel au cœur du Village en 1959.

The French National Lottery benefited from the growing reputation of the 24 Hours, inviting personalities for an official lot drawing in the heart of the Village in 1959.

Dernier clin d'œil de l'histoire à la terrasse de l'auberge du Faisan Doré à Champagne en juin 1952. La famille Hardonnière (père et fils) y tissera de solides liens avec la maison Mercedes, entre la concession de Bener et l'hébergement de l'écurie officielle jusqu'en 1955. Les pilotes allemands apprécieront l'endroit et l'accueil.

A final reference to history is pictured here on the terrace of the Auberge du Faisan Doré in Champagne in 1952. The Hardonnière family (with father and son) established solid connections with Mercedes, thanks to the Bener dealership and the accommodation of the factory team until 1955. The drivers appreciated the place and welcome.

Notes sur l'Auteur

Michel Bonté

• Né le 29 juillet 1947 au Mans.

• Célibataire (endurci), sans enfant.

• Réalise sa première photo (de la R.B. en essais privés) sur le circuit en avril 1957.

• Etudes classiques à Falaise, Caen et Lisieux. Bac Philo en 1966.

• Entre à la rédaction sportive du quotidien « Le Maine Libre » en 1969.

• Responsable de la rubrique « sports mécaniques » à partir de 1976.

• Correspondant de nombreux médias écrits et audios dont l'AFP.

• Nommé « grand reporter » en 1994.

• A partir de 2001, collabore au magazine « Le Mans Racing » sous le pseudonyme de Georges Helmet.

• Prend sa retraite en 2004 et se lance aussitôt dans une longue enquête sur l'accident des 24 Heures du Mans 1955. Un livre (« 11 juin 1955 ») en découlera qui donnera lieu à de nombreux documentaires TV. Réédité.

• Prix 2012 de l'Académie du Maine pour « Il était une fois les Bollée, hommes de légendes ».

• « Eternel'Le Mans », élaboré à partir de la collection « Washington Photo », et avec le concours de Nicole Pecoraro, constitue son dixième ouvrage.

BIBLIOGRAPHIE

« 11 juin 1955 » (Bâbord Amures Editions, 2005). Réédité.

« Le premier Grand Prix, circuit de la Sarthe 1906 » avec Jean-Luc Ribémon (Editions Cenomane, 2006)

« Un siècle de passion avec l'A.C.O. » avec François Hurel et Jean-Luc Ribémon (ACO, 2006)

« 25 ans au Mans, le mystère Courage » (Editions Le Mans Racing, 2007)

« Média guide Pescarolo Sport » (Archimède et ITF, 2008)

« Les 72 au départ » (Editions Le Mans Racing, 2009)

« Jean Rondeau, une histoire d'hommes » (Editions Le Mans Racing, 2010)

« L'Encyclopédie des 24 Heures 1923-2010 » (partie historique) avec Alain Bienvenu, Christian Moity et Jean-Marc Teissèdre (Editions Le Mans Racing, 2010)

« Il était une fois les Bollée, hommes de légendes » avec Gérard Bollée (Editions Le Mans Racing, 2011). Réédité.

« Eternel'Le Mans » avec Nicole Pecoraro (ITF Imprimeurs, 2013).

Depuis 1970, Michel Bonté n'a jamais manqué une seule édition des 24 Heures du Mans.

COLLECTION WASHINGTON PHOTO

Maquette, mise en page
ITF Imprimeurs

Achevé d'imprimer en juin 2013
sur les presses de
ITF Imprimeurs - 72230 Mulsanne
infos@itf-imprimeurs.fr
Tél. 02 43 42 00 38

Crédit photos : Washington Photo
Reproduction interdite, tous droits réservés

Dépôt légal : juin 2013

ISBN : 978-2-917900-39-0